LO SENSIBLES

NO NOS QUITA

LO CHINGONAS

ROMINA SACRE

LO SENSIBLES NO NOS QUITA LO CHINGONAS

Planeta

*A Diana Pineda,
quien me enseñó que
a esta vida se viene
a ser feliz.*

Índice

Hello! It's me

Nací en la Ciudad de México. Mi nombre significa pequeña Roma, soy Leo y cumplo en agosto; soy una pinche intensa que no se está quieta y entre mis mayores placeres están comer, dormir y el buen sexo. Me río fuerte y creo que la vida puede llegar a ser una comedia si la ves con esos ojos. Amo a los perros (tengo tres rescatadas) y siempre que veo uno en la calle lo saludo. El humano me da igual, pero el perro merece mi «¡Hola!». Soy muy extrovertida y hago amigos en chinga si me vibra la gente. No soy religiosa, pero sí creo en el Universo y en la energía. Viajar es mi pasión número uno y mi ciudad favorita del mundo es Nueva York, donde viví cinco años queriendo ser actriz.

Tras graduarme de la preparatoria, entré a estudiar actuación con unas expectativas altísimas de lo que sería mi vida. Duré menos de un año porque me corrieron de esa escuela (querían que firmara un contrato de explotación laboral), por lo que empaqué mis maletas y me fui a vivir a la Gran Manzana. Al llegar, pensé que todos mis sueños se harían realidad, que triunfaría en los escenarios de Broadway y que al poco tiempo ganaría un Tony. Estaba convencida de que eso del *American Dream* sería mi historia, que me mudaría a Los Ángeles con mi nuevo novio, Tom Hardy, a vivir en mi mansión en Beverly Hills y que ganaría millones de dólares por mis grandes interpretaciones. Ya me veía vestida de Dior en las alfombras rojas y llorando por haber recibido el Oscar. ¡Oh sí, manas!, pensaba que todo eso iba a suceder, hasta que en 2010 regresé a México sin un peso, desempleada y mudándome a casa de mi nueva *roommate*: mi mamá.

Fracasé chingón como actriz. Todas esas expectativas que me había creado sobre el futuro se fueron al caño. Por dos años estuve haciendo comerciales que me pagaban muy bien, pero yo sentía que no era suficiente, hasta que en 2013 surgió la oportunidad de abrir una página de internet llamada *Púrpura* que les hablaba a las mujeres de forma sincera, fresca e irreverente a través de posts y videos. La sección más popular era «JAJAJA», donde nos reíamos de las épocas dosmileras, de los fresas, de los hípsters, de los yoguis, de los canaperos y prácticamente de cualquier tribu urbana. A un mes de su lanzamiento, escribí un post que se volvió viral en el que relataba las épocas de Acapulco en el 2000 y lo chingón que era ir al antro de moda (con el pelo cubierto de gel Xiomara y collares de conchitas). Más de 500 000 personas lo leyeron y, a partir de ahí, *Púrpura* se convirtió en un sitio de referencia entre los veinteañeros fresas y hípsters de la época.

Nunca pensé que ese proyecto, al cual le tenía cero fe, se convertiría en mi trabajo de tiempo completo. ¡La página de *Púrpura* tuvo más de 6 millones de visitas únicas en sus tres años *online*! Sin planearlo, me convertí en emprendedora y descubrí que mi vocación era comunicarme con las personas. En el 2017, mis exsocios y yo decidimos ir por caminos distintos, y a pesar de que moría de miedo, ese año me nombraron una de los 50 líderes digitales por Grupo Expansión y fui panelista en el Women's Forum de la Ciudad de México.

Quería expandirme y usar mi voz para tocar temas de género y de desarrollo personal, así que en el 2018 fundé Romina Media, un sitio para mujeres que buscan ser mejores todos los días. Además de los temas que mencioné antes, hablamos de sexo, de cultura pop, de belleza y de moda, entre otros. ¡Ah! Y como amo a los perros, también tengo Doglove, un sitio donde promuevo ser un dueño responsable y la adopción de perros y que además genera contenido para los *doglovers*.

CREO FIRMEMENTE QUE UNA PERSONA QUE ES FELIZ CONTAGIA ESA ACTITUD.

El tema, sin embargo, es que nadie nos enseña cómo ser felices ni cómo crecer a nivel personal. Yo pasé por un proceso bastante intenso porque, aunque parecía tener todo en la vida, me sentía vacía y no encontraba motivación para levantarme todos los días. Llegó un momento en el que me cansé de hacerme la víctima y decidí ir a terapia. Hace ocho años me comprometí con la vida para hacer un cambio, para crecer y trascender. Gracias al proceso que he tenido desde entonces, hoy puedo decirles que soy muy feliz, que disfruto cada momento y que me río con la vida.

Por eso escribí este libro, para compartirles lo que he aprendido en el camino. Para nada me siento iluminada ni una gurú; tampoco tengo todas las respuestas porque sigo cometiendo errores, pero si algo sé es lo cabrón que es permanecer fiel a quien eres y a lo que quieres en un mundo en el que salirte de lo que *se supone que debes ser* cuesta un ovario y la mitad del otro.

Así que llené este libro con espacios para que anoten sus propias respuestas a las preguntas que hago. Ver las cosas sobre papel ayuda a visualizarlas mejor y a tenerlo todo más claro. ¡Ah! Y al final hice una especie de minidiccionario que contiene el vocabulario de las sensibles y chingonas para que se sientan libres de utilizarlo cuando lo necesiten.

Ya no voy a echarles tanto choro; las invito a echarse un clavado en estas páginas para vernos así, sin máscaras, para que celebremos lo distintas que somos y para abrazar ese lado sensible que nos transforma en unas chingonas.

Con todo mi cariño,

Romina Sacre

CAPÍTULO 1

No todas queremos lo mismo

Imaginen que llegan a una reunión con sus amigas. Jimena, Dany, Andrea y Patty están sentadas echando un drink.

Notas que todas tienen el mismo corte de pelo.

Fuimos con Rick a que nos hiciera el mismo corte y color

te dice Patty.

Parece que se fueron de compras al mismo lugar porque traen looks similares y Jimena no deja de hablar de lo emocionada que está porque todas se casan el mismo año.

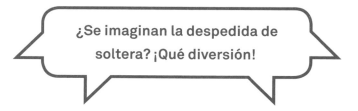

¿Se imaginan la despedida de soltera? ¡Qué diversión!

Todas presumen sus anillos con diamantes que sus prometidos compraron en Tiffany, también conocidos como Las Rocas.

Oigan, pero hay que embarazarnos al mismo tiempo para que los primos no se lleven mucho tiempo de diferencia

platica Andrea mientras observa que sus amigas y ella tienen la misma bolsa.

¿Y tú cómo estás, amiga?

te preguntan.

¿Eres feliz siendo soltera, mujer trabajadora? ¿O lloras porque no tienes un anillo de compromiso ni un prometido y vives sola?

voltean a verse entre sí.

¿Se imaginan si eso fuera real? Sé que me fui al extremo pero es que parece que hay algunas a las que les encanta ser iguales, ¿por qué?

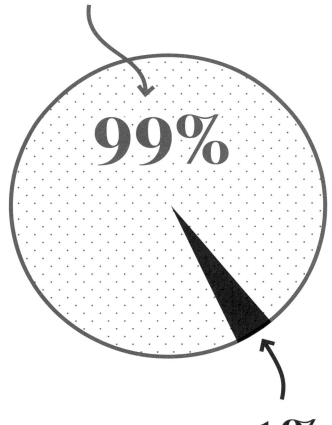

Mis amigas casadas/ con pareja

99%

1%

Solteras (yo)
#soysola

¿Por qué nos da miedo pensar diferente?

Yo soy ese frijolito en el arroz, esa a la que ven raro porque vivo sola desde hace 7 años y porque no quiero casarme ni tener hijos. También porque soy muy independiente y me gusta estar conmigo misma (lo aprendí a base de madrazos, pero ahora lo disfruto enormemente). Algunas personas se sacan de pedo porque digo lo que pienso; no me da pena ser quien soy y tampoco tengo problema con expresar mis emociones (lloro con facilidad en público). Yo ya entendí que no vine a esta vida a ser amiga de todo el mundo ni a quedar bien con los demás, y que si no me aceptan como soy, no debo de tomármelo personal porque son sus ideas y no puedo controlar lo que piensan los otros.

Debo confesar que esto lo escribo con harta facilidad, pero en realidad, me costó muchos años llegar a esa aceptación absoluta de lo que quiero y no quiero. Fue un largo recorrido hasta que pude identificar qué era lo que no me dejaba avanzar, y una de las razones por las que me sentía atorada era la constante batalla entre lo que sentía mi corazón y lo que me decía mi cabeza, ¡y vaya que me costó identificar de dónde venían esas proyecciones!, es decir, las expectativas.

LAS EXPECTATIVAS: UNA PELÍCULA PROTAGONIZADA, DIRIGIDA Y PRODUCIDA POR TI

Las expectativas son esas ideas que nos hacemos de lo que debería ser el futuro, o sea, la película en tu cabeza, o sea, la linda imagen que me pintaba hace unos años: teniendo sexo con Tom Hardy y viendo el mar de California después de haber ganado un Oscar (cada uno).

Todas tenemos expectativas; es imposible no tenerlas porque, cuando llega una oportunidad que nos emociona, nos ponemos a pensar en lo que podría ser o cómo podría ser. ¡La mente es fan de las expectativas! ¡Se alimenta de ellas! Vayamos por partes con este pedo de las expectativas y pensemos un segundo de quién son.

¿De quién son tus expectativas?

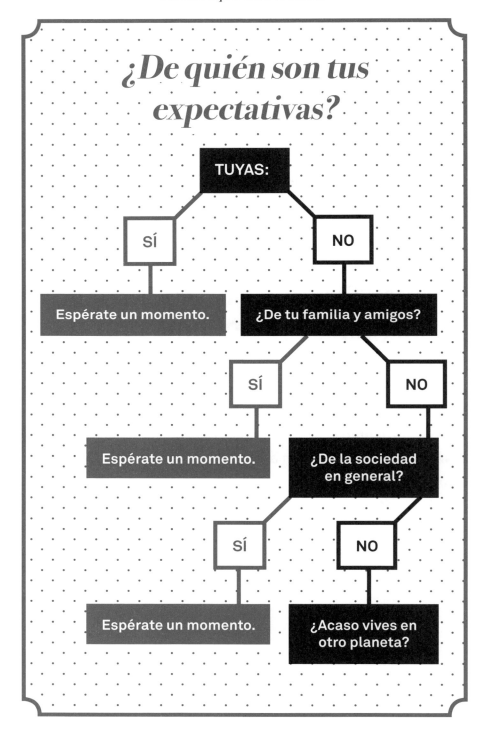

TUYAS:

SÍ → Espérate un momento.

NO → ¿De tu familia y amigos?

¿De tu familia y amigos?

SÍ → Espérate un momento.

NO → ¿De la sociedad en general?

¿De la sociedad en general?

SÍ → Espérate un momento.

NO → ¿Acaso vives en otro planeta?

Cuando las expectativas son tuyas

Porque, aunque no quieran aceptarlo, a todas nos ha pasado en algún punto. Por ejemplo:

☐ **CUANDO CONOCEMOS A ALGUIEN QUE NOS GUSTA.** Se ve que le gusté por cómo me vio a los ojos a la hora de decirme adiós. Es más, ese «adiós, Romina» me lo dijo de una forma distinta. Como coqueto, pero no lanzado. Aunque llevamos una cita, algo me dice que es el bueno. Mañana lo voy a invitar a la boda de mi prima sin importar que falten seis meses.

☐ **CUANDO SE NOS PRESENTA UNA OPORTUNIDAD DE TRABAJO.** El cliente se veía muy contento con mi propuesta, estoy segura de que la campaña es mía y de que este proyecto me va a dar la oportunidad de trabajar todo el año con él. Con lo que me paguen, me iré a Japón de vacaciones en verano.

....

☐ **CUANDO HACEMOS UNA DIETA EXTREMA.** Si sigo tomando estos jugos de apio, kale y limón por los próximos dos meses, tendré el cuerpo de Eiza González. Me voy a comprar un bikini de tanga para tomarme fotos, subirlas a Instagram y que mi exnovio se arda. Seguro va a querer regresar conmigo, pero yo le voy a decir que no, que ya lo superé.

▬▬▬▬▬

Y así podemos pasarnos una vida, imaginando lo que sería si _____, pero que no es. ¡Ojo! Tal vez sí te salgan las cosas como las habías planeado, y de ser así, ¡felicidades! Pero, mana, la realidad es que ni sabes qué va a pasar, y para qué gastar energía y tiempo en la suposición.

Cuando tú le pones expectativas a alguien más

«Yo pensé que iba a luchar por nuestro amor, que me iba a proponer matrimonio y nos íbamos a casar. Jamás pensé que iba a cortarme para volverse monje budista».

Se vale tirarse al piso un ratito, te doy chance. Se vale también enojarse, llorar, romper botellas de vidrio y bloquear a la persona porque te decepcionó. Pero te voy a decir algo que le va a doler a tu ego:

NADIE TIENE LA OBLIGACIÓN DE HACERTE FELIZ NI DE CUMPLIR CON TU PELÍCULA.

Puedes ir por la vida arrastrándote en la tragedia, haciéndote la víctima y culpando a los demás por tus desgracias como si estuvieras en una producción de Carla Estrada: *«La vida es cruel conmigo, todos están en mi contra y nada me sale como yo quiero. ¡Pobre de mí!»*. (Llora desconsolada).

¿Sabes qué? Todos ya tenemos suficiente con nuestros propios pedos como para andar soportando a los demás con sus tragedias de teatro griego y, honestamente, no hay nada más de flojera que aquellas personas que culpan a los otros por sus circunstancias haciéndose las víctimas.

Cuando los demás tienen expectativas sobre ti

«Es que si no estudio medicina como mi mamá, mis tías y mi abuelo, mi familia me va a dejar de hablar. Aunque yo lo que realmente quiero ser es arquitecta».

I FEEL YOU, MANA... Está cabrón querer cumplirles a los papás porque, pues son tus papás, y sabemos que han hecho muchas cosas por nosotras y que solamente buscan lo mejor y nos aman, pero las expectativas que tienen muchas veces son cosas que ni somos ni queremos. Como verte caminando hacia el altar con un hombre que te cuide (ay de ti que salgas lesbiana), que formes una familia y les des nietos, que seas exitosa como otros miembros de la familia, que te veas guapa, saludable, que siempre sonrías y que cumplas con SU PELÍCULA.

UNA VEZ MÁS, COMPAÑERAS, TENEMOS DOS OPCIONES ANTE ESTA SITUACIÓN:

A) Que hagas exactamente lo que ellos quieren porque tú eres la más linda del mundo y cómo vas a decepcionarlos (inserte carita de horror).

B) Ver por ti, por lo que quieres y por lo que sientes porque **es tu vida**. Ellos ya vivieron la suya, ahora el turno es tuyo.

Cuando regresé a México de Nueva York, sentía esa presión de tener que devolverle a mi papá un poco de lo que él me había dado durante esos cinco años que estuve fuera. ¿Cómo no iba a ser exitosa después de todo lo que invirtió? Era una ansiedad continua porque él, genuinamente, se preocupaba de que yo no encontrara ni medio trabajo. «¿Y cómo van los *castings*?», «Si lo de la actuación no funciona, ¿ya sabes qué vas a hacer?», «Ya tienes 25 años, Romina; ya no estás tan chiquita y yo hasta aquí cumplí». Tuve una respuesta mágica que lo cambió todo: «Yo te aviso cuando salga algo». Así dejó de preguntarme.

LA RELACIÓN CON LOS PAPÁS SIEMPRE SERÁ UNA OBRA EN PROCESO.

Ellos nos dieron la vida, traemos sus células dentro de nosotras. No es fácil de pronto mandarlos a la chingada, mentándoles la madre y diciéndoles: «*¡Es que no entienden nada! Me odian por querer dedicarme a ser maestra de yoga y a limpiar cuarzos de manera profesional, pero yo los odio más porque heredé tu nariz, papá, y tu estatura, mamá, y por eso me bullean; los odio porque me han dado todo cuando yo no lo he pedido. ¡Me voy! ¡Cleo (señora de limpieza), empácame! ¡Paco (el chofer), nos vamos! Me voy a Tulum a pensar qué quiero de mi vida!*».

Manas, tampoco se trata de andar peleando a lo güey y de destruir su vínculo familiar. Lo que sí es que una decide cómo abordar la situación y eso siempre tiene que venir desde un lugar de mucho cariño y respeto.

Vayámonos al 2006... Mi novio, el perfecto banquero, y yo quisimos irnos a vivir juntos. Yo tenía 26 años, y cuando le comenté a mi papá mis planes, su reacción fue la siguiente:

Papá: «*No creo que sea buena idea. Si te vas a vivir con él, después ya no se va a querer casar contigo*».

A lo que yo respondí: «*¿Quién te dijo que yo quería casarme?*».

Mi papá no supo qué decir más que: «*Bueno, si es lo que quieres, yo te apoyo*».

¡Así fue! No sé cuánto le costó a mi papá digerir la respuesta, pero yo me sentí muy orgullosa de haberme dado mi lugar, de haberme respetado. Pude haberme peleado o hacer un drama, pero simplemente le dije mi verdad.

Sé que hay papás que son turbochantajistas y que hacen drama cada que pueden con tal de que se haga lo que ellos quieren. Una de mis amigas es lesbiana y no sale del clóset públicamente porque *su papá la mataría*. Tengo otra amiga que tiene un puesto importante en una empresa, y por lo tanto, viaja mucho. Su mamá le reclama: «*Todos son más importantes para ti y por tu culpa no soy feliz*».

Puro, puro chantaje (como la canción de Shakira y Maluma, solo que sin el ritmo sabrosón del reggaetón y el cuerpecito de Maluma Baby).

HAY QUE VER Y DETECTAR EL CHANTAJE Y LA MANIPULACIÓN COMO SI FUERAS POLICÍA DE LA ADUANA PORQUE, SI ENTRAS EN EL JUEGO, SOLO LOGRARÁS SENTIRTE CULPABLE POR LO QUE ERES.

¿CÓMO BAJARLE DE HUEVOS A LAS EXPECTATIVAS?

1 SÉ HONESTA. ACEPTAR NUESTRA REALIDAD ES EL PRIMER PASO. Y sí, manas, cuesta trabajo porque somos rebuenas para ver lo que queremos ver, pero ¿para qué engañarnos si a la única persona a la que le hacemos daño es a nosotras? Una decide cuánto tiempo se clava en algo que no es, ya sea ese trabajo que no te dieron o las vacaciones que no pudiste tomar. No importa cuánto te revuelques en tu berrinche, simplemente no existe. Así que ya: sécate esas lágrimas, límpiate esos mocos y a darle para adelante.

2 DETECTA CUANDO ESTÁS EN LA PELÍCULA. Como ya lo mencioné antes, la mente es perra, así que, en cuanto te des cuenta de que ya andas pensando en situaciones que no existen, ponle un alto y dile: «Orita no, gracias».

3 RESPIRA, RELÁJATE Y REGRESA A ESTAR PRESENTE. La respiración ayuda un montón a conectarnos otra vez con lo que estamos viviendo y a callar las voces de nuestra cabeza.

4 AGRADECE POR LO QUE SÍ TIENES EN TU PRESENTE. ¡Estar viva ya es un gran regalo! Yo agradezco que tengo salud, una familia que me apoya, unos amigos que me hacen crecer, el trabajo de mis sueños, unas perritas que me hacen reír... ¡Haz la lista! Te prometo que escribirlo en papel te recuerda que eres mucho más afortunada de lo que crees.

Si haces este ejercicio, inmediatamente regresarás al aquí y ahora, que ya sé que suena a frase motivacional *millennial* o a tatuaje hípster, pero hacerte consciente en serio te conecta con lo que SÍ existe en tu realidad (y así no andas dándote en la madre a lo güey).

Cuando llevaba dos años en México sin media oportunidad de actriz, ya estaba desesperada. Todos los días me despertaba ansiosa pensando en qué iba a ser de mi vida, me preguntaba por qué otras actrices menos talentosas que yo tenían trabajo y yo no. ¿Por qué era tan difícil lograr mis sueños? Yo pensaba que si no era actriz, no iba a ser nada porque *yo no sabía hacer nada más* (les juro por mi mamá que eso pensaba). Era eso o nada. O actriz o nada. Así era yo de pinche dramática/Lolita Cortés en La Academia.

Romina Lolita Cortés: «*¡Yo ya me había hecho un plan de cómo iban a suceder las cosas! ¿Y tiempo que perder? ¡No, señor Universo! ¡En esta vida me toca ser exitosa antes de los 26 años!*».

LA VIDA ES MUY SABIA Y SIEMPRE VA A QUERER LO MEJOR PARA TI.

Tal vez en los momentos de crisis no lo entiendas, pero el Universo te pone lecciones para que crezcas y avances. Si algo me ha quedado claro en este proceso de cambios que llevo, es que el tiempo es perfecto. Todo lo que quise y todo lo que quiero (como este libro, por ejemplo) es producto de mi trabajo interno, de mi creación, de entender que las cosas se acomodan cuando trabajas en ellas, cuando te pones en acción. Pero, sobre todo, cuando dejas de ser la protagonista de tu melodrama, aceptas tu realidad y eres HONESTA contigo.

Ser tú es el regalo más hermoso que te puedes dar

Te tengo dos noticias, una buena y una mala. Vayamos primero con la mala (que en realidad no es tan mala).

Serte fiel viene acompañado de pérdidas, de dolor y de muchas dudas, porque diario vas a preguntarte qué tanto vale la pena, si no es más fácil y cómodo ir por el camino por el que todas van. Te aseguro que no tienes que hacer una encuesta en Facebook para saber la respuesta, tú solita la tienes.

TÚ YA SABES QUÉ QUIERES Y TIENES QUE HACERLE CASO A TU VOZ INTERIOR, QUE SIEMPRE TIENE RAZÓN.

Ahora, ¿quieres oír algo chingón? No te sientas mal por ser quien eres, está bien no querer lo mismo. Ser la rara o la diferente viene con un precio bien alto porque cuesta harto trabajo. Porque somos pocas las que nos atrevemos a ponernos hasta delante de la fila y gritarle al mundo «Así soy y así me amo». ¿Te doy otra buena noticia? **Nada es malo, solo hay que asumirlo.** Lo que quieras, a quién quieras y cómo lo quieras es tú decisión porque es tu vida y nadie puede decirte qué hacer ni qué decir. No lo permitas. Jamás. No dejes que alguien tome decisiones por ti ni que opine cuando no se le pidió.

#ROMITIP:

No dejes de hacer lo que tú quieres ni lo que eres por cumplirles los sueños a los demás. Si tienes clara tu vocación, ¡felicidades! Asúmela y a darle para adelante. Si todavía estás dudosa, no hay pedo; hay tiempo, solo ponte siempre a ti misma como prioridad.

CAPÍTULO 2

La idea que nos venden de felicidad está sobrevalorada

Es perfecta. Tiene la piel radiante, ni medio poro abierto. ¿Cómo le hará para amanecer sin ojeras? A pesar de que come hamburguesas y pizzas, no engorda un gramo. ¿Ya viste cómo se le salen los oblicuos? ¿A qué se dedica? ¿Es modelo? ¿Por qué se la vive de Londres a Nueva York a París nonstop? Viaja por el mundo solo con sus maletas porque se define a sí misma como «trotamundos». Su pelo es espectacular, ¿quién se lo hace? Seguro uno de los estilistas de las Kardashian. ¡Se ve que su novio la ama, la adora y se desvive por ella! Ve en esta foto cómo la está abrazando. Oye, pero es guapísimo, ¿qué hace él? ¿A qué se dedica? ¡Ah! Es modelo/dj/instagrammer. ¡Hacen una pareja hermosa! ¿Viste que le dio el anillo hace poco? Al atardecer en las Malvinas y ella se veía preciosa. Se ve tan feliz. Nos lo recuerda diario. Tiene la vida que todas quisiéramos. *Estoy segura de que cuando se embarace va a ser de esas que a las dos semanas va a tener otra vez cuadritos. Tipo Heidi Klum. Qué envidia... ¡de la buena!* PORQUE, OBVIO, YO SOY MUY FELIZ AL IGUAL QUE ELLA.

¿EN QUÉ MOMENTO NOS CONVERTIMOS EN NUESTRA PEOR ENEMIGA? ¿POR QUÉ NOS EMPEZAMOS A COMPARAR CON LA OTRA? AY, PINCHE INSTAGRAM...

Tiempo que creo que paso al día en redes sociales

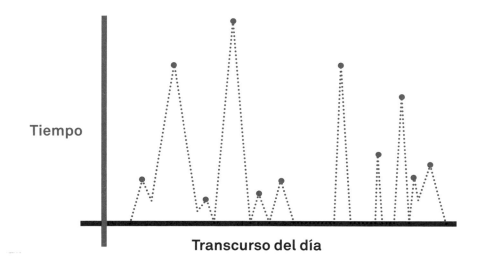

Tiempo

Transcurso del día

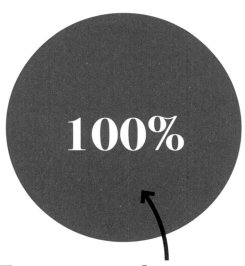

100%

Tiempo que realmente paso al día en redes sociales

¿QUÉ PEX CON LAS REDES SOCIALES?

Espero con ansias el nuevo libro de Yordi Rosado donde me explique qué pex con ICQ, MySpace y Hi5. Es broma. Ya, en serio, vivimos en un momento raro. Las redes sociales son un arma de doble filo porque, si bien son útiles y nos ayudan a conectar y a comunicarnos de una forma más eficiente, también generan ansiedad, depresión y la constante comparación con los demás. Y lo digo por experiencia propia. Déjame platicarte mis vivencias en el mundo del internet.

Mi plan hace seis años nunca fue ser *blogger* ni dedicarme al mundo digital. Como les conté al principio del libro, se dio casi por accidente. Lo que yo quería era generar ingresos con *Púrpura* pero sin ser yo nunca la cara de la página. En octubre del 2013, fue el lanzamiento. Un mes después, un post que escribí relatando las épocas de El Alebrije de Acapulco, un antro dosmilero, se volvió viral. Más de medio millón de personas lo leyeron y, a partir de ese momento, todo cambió. *Púrpura* se convirtió en un sitio de referencia para muchas y muchos, en especial a la gente le encantaron las secciones de «JAJAJA», «Salud» y «Persiguiendo la chuleta» (donde Juan Pablo Jim, mi exsocio, y yo hicimos distintos trabajos como bajar cocos de una palmera, manejar un Uber, ser peinadores y hasta taqueros). Al siguiente año, como veíamos que la comunidad crecía cada día más, Juan Pablo y yo empezamos a ver formas de comercializarlo. Comenzamos a hacer videos que le gustaron a la gente y, como consecuencia, diversas marcas de estilo de vida empezaron a buscarnos para que trabajáramos con ellas.

En realidad, todo este tema de las redes sociales es relativamente nuevo. Antes solo las personas que salían en la televisión o en las revistas eran famosas. En mi adolescencia, era fan de las Spice Girls, coleccionaba recortes de revistas o de periódicos y me enteraba de la vida de Victoria Beckham por lo que publicaban de ella. Hoy es totalmente distinto porque sentimos a las celebridades mucho más cerca. Tenemos la posibilidad de escribirles lo que pensamos o sentimos por ellas y podemos saber en tiempo real dónde están y qué hacen. ¡Hasta nos sentimos parte de su familia!

El internet y las plataformas digitales cambiaron la forma en la que consumimos contenido, y qué fortuna poder vivir en un momento donde no dependamos de las grandes televisoras ni de ninguna editorial (no me refiero a Planeta, ¡ja!) para poder hacer nuestros proyectos. Ese es el lado positivo y chingón que yo agradezco de vivir en esta época.

Sin embargo, es complicado explicarle a alguien mayor de 45 años qué hago y, siendo muy honesta, han sido unos años muy interesantes, pero también raros y difíciles en algunos momentos. He sabido aprovechar la oportunidad que he tenido para hacer negocio y cambiar la mentalidad de mucha gente desde mi trinchera. Es padrísimo tener seguidores y que te traten como *rockstar*, pero, la neta, yo no me parto la madre solo por la fama ni la popularidad. Eso quería a mis veintes, pero hoy es muy distinto.

BUSCO GENERAR UN CAMBIO POSITIVO Y TRANSMITIR A TRAVÉS DE MIS CONTENIDOS QUE ESTÁ BIEN SER COMO ERES.

Jamás para provocar ansiedad ni para que crean que mi vida es perfecta, porque no lo es. En el momento que decidí subirme al tren y explotar mis redes sociales, quise que todo lo que publicara fuera lo más real y auténtico posible, además de que soy malísima para posar en público y me da mucha risa cómo se toman en serio su papel de «gente famosa del internet».

Facebook

PROS: Puedes contactar con aquellos a los que no quieres pasarles tu WhatsApp.

. . . .

CONTRAS: La Tía Galletera (ver glosario) que le manda saludos a tu papá y te hace quedar en ridículo.

Twitter

PROS: Puedes presumir lo culta que eres sobre cualquier tema.

. . . .

CONTRAS: Las olas de *trolls* que te van a atacar por opinar sobre CUALQUIER TEMA.

Instagram

PROS: Es la red más estética, porque una foto dice más que mil palabras.

. . . .

CONTRAS: Gran parte de lo que ves es una vil mentira. Nadie despierta tan radiante como se ve en sus fotos, a menos que seas Emily Ratajkowski.

Instagram Stories:

PROS: Es el *reality show* de las personas normales. Aprovecho este espacio para decirles que me sigan; no es por nada, pero mi Tía Flori dice que soy muy chistosa.

. . . .

CONTRAS: Nos hace perder muchísimo tiempo que podríamos usar más productivamente.

A pesar de que en mis redes sociales comparto mi vida tal cual es (juro que hago un gran esfuerzo porque así sea) y les comparto mis momentos tristes, no voy a postear un video de mí llorando ni haciendo berrinche cuando las cosas no me salieron como yo quería. Tampoco una foto de mis pompas llenas de celulitis. (Sé que hay muchas que lo hacen y las felicito; yo no puedo, me entran inseguridades).

Al exponerme tal cual soy, «la gente» en el ciberespacio (que ni conozco ni son mis amigos) se toma la libertad de opinar acerca de mi vida, con quién debería andar o si ese *outfit* que me puse no se me ve bien. Generalmente me dan risa los comentarios negativos, pero hay días en los que estoy muy sensible y me afectan. Oigan, ¡también tengo sentimientos!

Me parece fatal que tratemos a las personas como si valieran un número en una pantalla y que basemos nuestro estado de ánimo en la cantidad de aceptación o *likes* que nos dan en estos espacios. Estamos peor que nunca antes (no lo digo yo, lo dicen los especialistas).* Cada vez, la gente sufre más problemas de depresión

---

* Según el Millenium Cohort Study, uno de los estudios más grandes y ambiciosos de Inglaterra sobre bienestar, educación y salud, 40% de las mujeres y niñas que pasan más de 4 horas al día en redes sociales presentan síntomas de depresión.

y ansiedad y hay una urgencia por ser felices. ¡OBVIO tiene que ver con lo que consumimos todo el tiempo en redes sociales!

LAS REDES SOCIALES VENDEN «REALIDADES» EDITADAS, CON FILTROS, CONCEPTOS E IDEAS QUE NO SIEMPRE SON VERDAD. ¡NO HAY QUE CREER TODO LO QUE VEMOS!

La tecnología hace maravillas y una decide hasta dónde engancharse. Deja de compararte con imágenes en pantallas y mejor invierte ese tiempo que le dedicas a las redes sociales en ser simple y maravillosamente TÚ.

· ·

Ventajas de las redes sociales

• Te conectan con los demás.

• Es fácil contactar a las personas.

• No necesitas ser parte de una empresa para darte a conocer.

• El alcance es mayor en caso de que vendas un producto.

• Las plataformas te dan la oportunidad de exhibir tu trabajo.

· ·

Desventajas de las redes sociales

• Todos se enteran de tu vida, aunque tú no hayas subido la foto, porque alguien más la compartió.

• Si no tienes control, puedes perder horas de tu día enganchada en la vida de personas que ni te importan tanto.

• La gente se toma superpersonal que no les den *like* a sus fotos o que le den unfollow.

• Todos los días cambia la red social de moda y tienes que adaptarte o te vas para el escusado.

• La gente está obsesionada con los followers y la popularidad.

• Te hacen creer que NECESITAS ropa nueva, tener la piel perfecta, ser flaca y marcada y que te URGE viajar más.

#ROMITIP:

Así como haces limpia de tu clóset, también limpia tus redes sociales. Dale *unfollow* a todas esas cuentas que no te nutran porque —este consejo me lo dio Sofía Niño de Rivera— «Lo que ves en tus redes sociales es con lo que se alimenta tu mente». ¡Es lo que consumes todos los días! ¡A la chingada con sentirte gorda, fracasada y quedada! Consume contenido que te inspire, que te motive, que te haga crecer y que te haga reír. ¿Cuál es la necesidad de sentirte mal? Ninguna. ¡Tú decides a quién seguir!

Está bien estar mal

Los libros de autoayuda, los *life coaches*, los filósofos, el *mindfulness*, los YouTubers/gurús, etc., son tendencia mundial. La gente consume este contenido porque hay un vacío tremendo y porque quiere sentirse un poquito mejor. Nos dicen que TIENES QUE SER FELIZ y si no eres feliz, a ver cómo madres le haces: te me pones las pilas porque debes mostrar siempre una sonrisa al mundo, aunque te hayan corrido de tu trabajo o te mueras del cólico.

Entonces, ¿por qué nos cuesta un chingomadral sentir la plenitud si hay tantas herramientas a nuestra disposición y además tenemos al señor Toño Esquinca que todos los días viene con su efecto positivo por las mañanas? ¿Por qué a veces sentimos que somos las únicas desdichadas en esta existencia?

Lo que he descubierto en estos años de proceso personal es que, cuanto más trataba de ver el lado luminoso de la vida, menos lo lograba. La felicidad va más allá de «echarle ganas» o de «sonreírle a lo que venga». No son frases motivacionales en imanes que pegamos en el refrigerador ni tu comadre recomendándote que leas el nuevo libro de *8 pasos para lograr ser feliz*. *Título genérico inventado por mí*.

«Te juro, amiga, lo leí y me transformó. En 50 páginas me di cuenta de lo que llevaba cargando 30 años de mi vida». **#SÍTÚ**

SER FELIZ ES UNA DECISIÓN. PUNTO. CUANDO ERES CONSCIENTE, DECIDES POR CUÁL CAMINO QUIERES IR. ELIGES LO QUE TE HACE BIEN A TI Y YA.

Por más que leas todos los libros de Paulo Coelho y vayas a infinitos talleres de superación personal, si no eres congruente con lo que dices y haces, solo te vas a quedar en la teoría, que, en mi opinión, es lo que está pasando con toda esta banda que ahora se las gasta de iluminados y que creen que tienen la verdad absoluta cuando, uno, no hay que juzgar: todas venimos de lugares distintos y a cada quien le tocó vivir diferente; y dos, cada quien tiene su tiempo y su proceso. Manas, ¡hay harto charlatán!

NO ES QUE LA GENTE NO SEA FELIZ PORQUE NO QUIERA SERLO, SINO PORQUE NO SABE CÓMO.

En el 2011 decidí darme el mejor regalo y empecé a ir a terapia. Llevaba un año de haber regresado a México, ya tenía a mi novio «perfecto» y estaba ganando dinero haciendo comerciales. Tenía a mis tres perras y aparentemente nada me hacía falta, pero me costaba dormir, vivía ansiosa y no encontraba gozo en ninguna de mis actividades. «*No sé bien qué hago aquí, nunca he venido a terapia, pero sé que hay algo que no está bien porque me cuesta la vida. Estoy frustrada en el ámbito profesional y lloro muy seguido sin motivo alguno. No soy feliz*», le dije a Diana, a quien yo le digo Gurú de cariño, pero en realidad es mi terapeuta.

Esa primera sesión lloré y lloré y lloré, y me sentí tan bien de estar con Diana, que a pesar de que no la conocía, me daba mucha confianza. Salí contenta del consultorio, convencida de que había tomado la decisión correcta. Reconocer y aceptar que no era feliz fue el primer paso de muchos, ¡y fue un gran logro!

En lo personal, ir a terapia me cambió la vida y lo recomiendo ampliamente si está entre tus posibilidades. Ir con una especialista ha sido mi mejor inversión de vida. Sé que tal vez muchas no puedan o no sepan con quién ir, pero si tienen la posibilidad de hacerlo, ¡vayan! No es lo mismo contarle tus pedos a tu mejor amiga o a tu familia que a alguien profesional y que, además, va a ser muy objetiva y te va a guiar en tu camino de crecimiento. Eso sí: ningún terapeuta o psicólogo es mago. Su trabajo no es quitarte el dolor y arreglarte la vida. Es más, si vas con alguien que te lo asegure probablemente sea un impostor. Pero en lo que sí ayudan, y a mí me ha servido enormemente, es a tomar conciencia y a tomar tus propias decisiones.

Diana, alias Gurú, dice que «nada es malo, solo hay que asumirlo». Y creo que ha sido el mejor consejo que alguien me ha dado, pues ahora sé qué camino tomar: el de seguir adelante, siempre, sin importar lo que se interponga en mi camino. Además, al ir a terapia, abrí la caja de Pandora de mi vida, mis emociones y mis experiencias, que por muchos años había tapado, lo cual me llevó a aprender muchísimo sobre mí. En cada sesión me cuestionaba por qué hacía lo que hacía, por qué sentía lo que sentía, y lo más importante, me di cuenta de que estaba bien estar mal.

TENEMOS TANTO MIEDO A SENTIRNOS TRISTES, A LLORAR, A EXPRESARNOS, A ENOJARNOS Y A ACEPTAR QUE LAS COSAS NO ESTÁN FUNCIONANDO, QUE PREFERIMOS EVADIR LO QUE NOS ESTÁ PONIENDO LA VIDA ENFRENTE.

Nos hemos convertido en EXPERTAS y nos han puesto tantas herramientas para lograrlo que lo sacamos todo por diferentes conductos: comprando cosas que no necesitamos, con alcohol, fiesta y drogas, con la comida, con relaciones tóxicas y autodestructivas, con exceso de ejercicio o de trabajo.

EN POCAS PALABRAS: CADA QUIÉN SE HACE GÜEY COMO PUEDE.

¡Nadie nos enseña cómo ser felices! Tampoco sabemos distinguir y nombrar lo que sentimos ni qué lo provocó. Entonces crecemos confundidas a madres, llenas de ideas que alguna vez nos dijeron y que nos compramos: que las mujeres debemos sonreír siempre porque nos vemos más bonitas. Que llorar delante de un hombre nos hace débiles y sumisas. Que enojarnos nos va a sacar arrugas. Que solo cuando tengamos pareja/hijos/trabajo nos sentiremos plenas.

Tampoco se vale poner nuestra meta de ser felices en las manos de los demás. Sí me pusiste atención al primer capítulo, ¿verdad? Es regresar un poco a lo que decía de las expectativas, de lo que esperamos del otro. ¿Qué harías si llega tu hermana/hermano y te dice: «*Hazme feliz. Tenemos la misma sangre y es tu obligación hacerme sentir mejor*». Si mi hermana Renata llegara con esos huevos (que sí los tiene), le respondería que no fui compañera de Harry Potter en Hogwarts ni soy chamana de Catemaco. Pedirle algo así a alguien más implica ponerles demasiada carga y responsabilidad a personas o situaciones externas, y la neta, CADA UNA ES LA ENCARGADA DE SU PROPIA FELICIDAD. #auch

El caos es inevitable, pero a la vez, una decide qué camino tomar. Por un lado, está el sufrimiento, la victimización, el «¡¿por qué a mí?!», ya sabes... tu protagonista horario estelar de la telenovela. Por otro, transformar ese caos en una lección de vida, en una fuerza positiva que te impulse a hacer de ello algo bueno para ti.

#ROMITIP:

1. ACEPTACIÓN. NO TE JUZGUES. Vale madres que en este momento estés triste y sin ganas de hacer las cosas. Date chance de procesar lo que sientes.

2. EXPRESA TUS SENTIMIENTOS. Ya sea en terapia, pegándole al sillón con un cojín o escribiendo en una libreta. El chiste es sacar la emoción porque si no lo haces, se convierte en popó emocional.

3. ¡NO ERES LA ÚNICA EN SENTIRSE ASÍ! Hay muchas pasando exactamente por lo mismo, pero se las gastan de perfectas (todas sabemos que es pura pose).

4. ENTIENDE QUE, A FIN DE CUENTAS, TODO LO QUE ESTÁS VIVIENDO ES PARA TU PROPIO CRECIMIENTO Y EVOLUCIÓN. ¿Qué no quieres ser mejor persona todos los días? ¡Ay, hija! Tanto desmadre para que nacieras, crecieras y llegaras a este punto, para que lo desperdicies en la victimización.

¿Cómo llegas a ese estado de felicidad?

Para mí ha sido una completa paradoja porque para llegar a la felicidad primero tuve que meterme a explorar mis miedos, mis inseguridades y detectar qué era lo que me ponía triste. Fue como si abriera una maleta y sacara poco a poco todo lo que yo realmente era. Ahí, con todo dispuesto delante de mí, no podía mentir ni fingir. Vi a la verdadera Romina, con sus virtudes y sus miles de defectos. Me perdoné por todos esos años en los que me abandoné, por todos esos momentos en los que no me puse hasta delante de la fila. Fue un instante de iluminación. Mi vida cambió cuando decidí que a partir de ese punto me convertiría en mi mejor amiga y que me iba a dotar de puro amor, de verdad.

¿TE DIGO ALGO BIEN BONITO? LO MÁS RICO Y SANADOR ES QUE CADA UNA TIENE SU TIEMPO, SU MOMENTO, ¡Y NO HAY PRISA!

Si tomaste la decisión de que quieres cambiar y te comprometes contigo, la vida empieza a sorprenderte y te da recompensas por serte fiel. La verdad duele, pero no es un dolor permanente. Cuando empecé mi proceso y me atreví a ser honesta conmigo, comencé a ver el mundo (amigos, novio, familia) como realmente era, así en crudo y sin filtros. Fue un momento bien duro decidir qué quería. El problema es que una vez que tomas la decisión de quitarte las capas que traes puestas, ya no hay vuelta atrás. ¡Ya no te puedes hacer güey ni un día más! Y como ya no puedes hacerte mensa, trabajas en tu autoestima y en amarte, ya no soportas violencia ni maltrato de NADIE. Como resultado, terminé alejándome de varias personas que creía que eran mis amigos porque me di cuenta de que nuestra relación no estaba basada en el respeto, el amor y la complicidad, sino en cosas superficiales, ¿pues para qué las mantenía? ¿Por qué querría yo «amigas» y «amigos» que no me suman?

También me volví intolerante a los pedos ajenos porque pues «una ya tiene los suficientes» como para que vengan los demás a echarte sus problemas. Una cosa es apoyar y escuchar a tus amigas y otra muy distinta es andar de salvadora de las demás porque «Pobrecita, me da la peor lástima del mundo». Sí sabes que hay hartas personas a las que les fascina revolcarse en su dolor, ¿verdad?

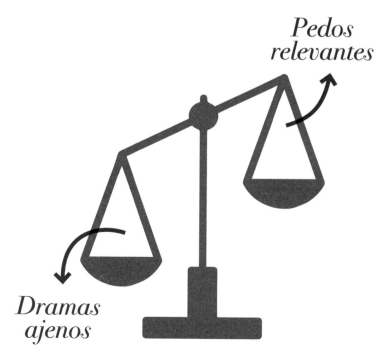

Gaby Pérez Islas, maestra de tanatología, con especialidades en codependencia y familia, logoterapia, espiritualidad y suicidología (y una de las mujeres más sabias que conozco), tiene una de las respuestas más maravillosas ante la queja y lamentación de alguien. Como tampoco vas a ser una culera cuando tus amigas lleguen contigo a contarte sus problemas, lo que hay que decir después de que te suelten la información es: «**¿Y qué piensas hacer con eso?**». E inmediatamente les regresas su responsabilidad.

Diana, mi terapeuta, me dice constantemente: «*¿Quién eres para impedir lo que la vida viene a enseñarles a los demás?*». ¡Y cuánta razón tiene! ¡Ah! Y si alguien viene a chantajearte y a manipularte porque por tu culpa no es feliz, te doy chance de que le tomes una foto al capítulo 1 donde hablamos de las expectativas ajenas para que se la mandes por WhatsApp.

Lo sé, se oye turbo Hippie Tuluminatti lo que te voy a decir, pero escúchame bien y de una vez por todas:

PROTÉGETE DE LA ENERGÍA NEGATIVA Y RODÉATE DE PERSONAS QUE TE HAGAN CRECER Y TE ILUMINEN LA VIDA.

Síndrome del impostor

Tienes el trabajo de tus sueños. Por fin te independizaste y te fuiste a vivir sola. Eres feliz contigo. Nada te hace falta. Tu prioridad eres tú. Has aprendido a manejar las crisis y a entender que lo que no sale como tú querías es para tu evolución. Cierras los ojos y agradeces cuando, de pronto, escuchas una voz que te dice: «No se puede tener todo en la vida».

¡¿Cómo?! ¡Si todo iba tan bien! ¿Ahora qué me va a pasar? No, es que seguro mañana mi jefe se va a dar cuenta de que no soy tan buena como él pensaba y va a correrme para contratar a Mary. Ella seguro sabe más que yo. Se le nota en las juntas. Voy a tener que salirme del departamento que renté. Debí haberle hecho caso a mi tía Flori, que me dijo que me esperara o que rentara con alguien más porque a mí sola no me iba a alcanzar. ¡Qué pinche angustia! Deja voy a la cocina a comerme estas galletas orgánicas que probablemente ahora con el desempleo ya no pueda comprar (lo orgánico vegano gluten free cuesta un ojo de la cara y va a ser eso o pagar la luz). Mejor le escribo a mi exnovio porque él sí me quería, chance y hasta volvemos a hablar de matrimonio. Ni modo, aunque esté obsesionado con su mamá, viviremos los tres juntos, pero así por lo menos tengo un techo. ¡Tan bien que iba todo! ¡Lástima!

Tal cual, funcionamos de esta forma. En el momento en el que todo va de maravilla, entra nuestra vocecita culera.

#ROMITIP:

Para llevar una mejor relación con tu voz maldita o la loca de la casa, es necesario ponerle un nombre (si quieren apellido también se vale). Mi voz del demonio se llama Úrsula, como la de *La Sirenita*. Le puse así porque es bien maldita y se aparece cuando todo va de huevos, como Úrsula, que se presentaba casualmente con Ariel cuando romanceaba con el príncipe Eric. Úrsula no quiere que avance, quiere que regrese a donde estaba, me roba la voz y me inutiliza. ¿Ven cómo hace todo el sentido del mundo? #GENIO

Cuando estás en la conciencia, es más fácil identificar a Úrsula y decidir en qué momento la paras en seco. Es tan fácil como hablar con ella y decirle que se vaya, que no le vas a hacer caso. «*Mira, Ursulita, ya sé que quieres que me arda porque mi ex anda con una vieja bien guapa, pero la realidad es que yo ya ni quería andar con él, así que* thank you, next».

Pero ojo: si te enganchas, es cuando vienen los pedos...

Úrsula: «*Uy, sí, te dijo que ya no quería estar contigo porque quería estar solo y mira, ya tiene nueva novia, y es 10 años más chica que tú*».

Yo: «*Deja me meto a Instagram para stalkearla... Sí, claro... Es más guapa que yo, seguro me pintaba el cuerno desde antes, soy una estúpida. ¡Qué bárbaro! Me gano el premio a la tarada del año...*».

¿Ves por qué te digo que la pares en seco? Porque si no lo haces, sale la primera actriz de telenovelas a la que le encanta el drama, el sufrimiento y el azote.

ÚRSULA (O COMO SE LLAME TU VOZ) ES UNA VIEJA CHISMOSA ENTROMETIDA QUE NADIE LLAMÓ NI LA INVITÓ PERO LLEGA SINTIÉNDOSE LA MUY ACÁ, OPINANDO Y HACIÉNDOTE DUDAR CUANDO ESTÁS NERVIOSA, INSEGURA Y CON GANAS DE TIRAR LA TOALLA.

¡Ah, no! Si yo te contara cómo me la jugó la pinche Úrsula el día que abrí Romina Media, porque para ella nada es suficiente. Debes saber que yo me moría de miedo de lanzar un proyecto nuevo porque ¿quién lo iba a leer? Y una semana antes, no pude dormir, me dolía el estómago y Úrsula opinaba (por sus huevos) que mi página no estaba tan padre, que los colores del logo ni al caso, que mejor me quedara donde estaba... Ya saben. Actitud típica de Úrsula.

Lo que hice fue no pelearme con ella ni darle más cuerda. Obvio que a veces me dan ganas de cacheteármela, pero con que te des cuenta de que ahí está, ya la armaste. A final, tu voz no es más que eso, UNA VOZ, ¡y no es real!

Si de plano andas con «la loca de la casa» (tu voz) a todo lo que da, funciona escribir una lista de pros y contras de lo que quieres. Cuando lo sacas de tu cabeza y lo plasmas en papel (o hasta en las notas de tu celular), puedes verlo desde otra perspectiva mucho más realista.

Una vez que pasa la crisis, me da risa la canija de Úrsula con sus ocurrencias y por la manera en que logra que me entre un pánico que ni existe. Por eso hay que estar *bieeeen* presentes en todo momento para que no nos ganen la ansiedad ni el miedo.

Hablando de eso, ¡**no le tengas miedo a ser feliz**! Si la vida te está dando tantas bendiciones, tómate un momento para agradecer y decir «Me lo merezco». Sé que hay personas para las que es todo un tema eso de «merecer» porque lo ven como si viniera del ego, pero no es así. Cuando trabajas en ti y eres buena persona, recibes la recompensa, ¡y eso es merecer! Así que repite conmigo:

¡ME LO MEREZCO!

¡Vinimos a ser felices! ¡Así de sencillo! Hay que confiar en que cada cosa que nos toque vivir es para nuestra evolución y crecimiento, que no existe una fuerza mayor que esté buscando hacernos la vida miserable intencionalmente. Nadie tiene el derecho de hacerte menos si tú no lo permites.

Así que...

1 A DISFRUTAR EL MOMENTO PORQUE NO TENEMOS DE OTRA.

2 A REÍRNOS DE NOSOTRAS MISMAS PORQUE NADIE ES PERFECTA Y DE LAS CAÍDAS SE APRENDE.

3 A TOMARNOS LA VIDA NO TAN EN SERIO.

4 A RECORDAR QUE EL TIEMPO ES LO MÁS VALIOSO QUE TENEMOS Y NOSOTRAS DECIDIMOS CÓMO APROVECHARLO Y CUÁNTO JUGO LE QUEREMOS SACAR.

5 Y LO MÁS IMPORTANTE: A TENER PRESENTE QUE ESTAR CONECTADAS CON NUESTROS SENTIMIENTOS NOS DA ESE PODER PARA LOGRAR TODO LO QUE QUEREMOS.

CAPÍTULO 3

Lo sensibles no nos quita lo chingonas

En 2005, cuando todavía estudiaba actuación en la Ciudad de México, durante uno de los ejercicios teníamos que estar de pie escuchando la historia que relataba Luis, el maestro. No recuerdo de qué trataba, solo recuerdo que todos mis compañeros estaban llorando a tal grado que varios terminaron en el piso entregándose al momento. Y yo... nada. Cero lágrimas. Sentía la emoción en el pecho, pero no salía nada. Luis se acercó, me pidió que abriera los ojos y me dijo: «¿Por qué no puedes llorar?». «Porque no sé cómo», le respondí. Luis se frotó las palmas de las manos, cerró los ojos y me puso sus manos en el esternón, y de pronto, mágicamente, me solté a llorar. No fueron lagrimitas pedorras e insignificantes, fue un dramón de aquellos tipo Anne Hathaway en Los Miserables. *Luis solo me decía «Siéntelo y no te juzgues», y eso hice.*

A partir de ese momento, todo valió madres porque ahora lloro por la más mínima provocación.

¿POR QUÉ NO NOS PERMITIMOS SENTIR?

Mi mamá me cuenta que desde chiquita era muy intensa; todo preguntaba, era muy curiosa y me hacía amiga del que se me pusiera enfrente. Siempre fui alegre y sensible. Lo que escribo a continuación no es un reclamo, sino la realidad de cómo me educaron mis papás en cuanto a expresar mis sentimientos.

Por ejemplo, mi mamá no podía verme llorar. No por maldita, sino porque soy su hija, me ama y no quiere verme sufrir. Cuando lloraba, me decía: «Llora cuando yo me muera o cuando alguien de la familia no esté aquí».

¿SE DAN CUENTA DEL PODER DE LAS PALABRAS? RELACIONÉ DESDE TEMPRANA EDAD QUE LLORAR SOLO DEBÍA SUCEDER EN CASOS EXTREMOS.

También me decía que no hiciera corajes, que me haría daño. Y, si bien, tenía razón, es importante expresar ese encabronamiento, sacarlo y ya. Mi papá, después de escucharme y darme un abrazo, me preguntaba qué necesitaba. Cuando corté con un ex, mi papá me vio tan mal que me ofreció darme dinero para irme de compras. En el centro comercial se me olvidó tantito mi desgracia, pero al regresar, me sentí igual de miserable.

Tengo clarísimo que ni mi mamá es una maldita ni mi papá es un materialista. Los dos han hecho lo mejor que han podido y por eso no los juzgo. Son de otra generación y ellos fueron educados de una manera totalmente distinta. Pero lo que sucedió fue que, al llegar a mi etapa puberta, y después a mi adolescencia, me convertí en una roca. Asocié en mi cabeza que no expresar nada era de gente *cool* porque era una actitud de «me vale madres todo».

ME INVITASTE A TU FIESTA: IRÉ, PERO CON CARA DE QUE NO ES LA GRAN COSA.
ME CORTASTE: NO ME DUELE, NO VOY A LLORAR POR TI, YA ESTOY SALIENDO CON OTRO.
ME REPROBARON: ES UNA CALIFICACIÓN Y UNA BOLETA. *WHO CARES*?

Ese *coolness valemadrismo* no era más que un escudo para protegerme porque pensaba que sentir TODO TAN INTENSAMENTE Y TODO EL TIEMPO era una maldición. Me compré el *Girl Power* de las Spice Girls y que las mujeres somos iguales que los hombres, y al ver que no les importaba un carajo, yo quería ser igual de fría y cabrona que ellos. Tenía tanto miedo de que me lastimaran que me convertí en Romina la Roca.

Hasta que llegué a terapia, aprendí a escucharme y a no juzgar lo que sentía. ¿Han notado cómo nos damos explicaciones de lo que sentimos? O decimos cosas como: «Yo nunca me enojo» o «Yo no siento esas cosas». ¿Se dan cuenta de lo poderoso y cabrón que es el «YO NO»? Poner en una cajita qué sentimientos sí estamos dispuestas a sentir y cuáles no es el juicio más grande, pero **las emociones no se deciden, simplemente suceden y hay que aceptarlas sí o sí.**

Emoción	*Sentimiento*
• FÍSICO	• MENTAL
• ESTÍMULO EXTERNO	• EXPERIENCIAS Y
• INSTINTO TEMPORAL	CONEXIONES INTERNAS

La gran diferencia entre emoción y sentimiento es que los sentimientos ocurren después de las emociones; no hay sentimiento sin emoción. Por ejemplo: vas caminando por la calle, está oscura y ves a un señor acercarse. Te da miedo (esa es la emoción). El señor ni te peló, se fue hacia la otra banqueta. Puede ser que tu reacción a partir del miedo haya sido frustración (sentimiento) y llanto, o explotar en contra del gobierno por no poner buena iluminación.

Como, en general, la humanidad está repleta de analfabetas emocionales, nos ultrasacamos de pedo cuando alguien expresa y dice abiertamente lo que siente. ¿Qué pasa cuando estás en un restaurante y la de al lado se pone a llorar? ¡La volteamos a ver como si fuera un unicornio! Si no sabemos cómo lidiar con nuestras emociones, ¿cómo vamos a saber qué hacer con las de los demás?

Cuando bloqueas y no te permites sentir los sentimientos negativos (enojo, odio, tristeza, indignación, impaciencia, envidia, venganza, ansiedad, celos, etc.) al cuerpo también le cuesta sentir los sentimientos positivos (euforia, admiración, afecto, optimismo, gratitud, satisfacción, amor, agrado y demás). Es como estar dormida emocionalmente, ¿y te digo algo? ¡Qué desperdicio!

No por ser una mujer empoderada ovarios de hierro significa que ahora debes convertirte en una cabrona. ¡No es para tanto! Sentirte empoderada o la mera mera no tiene absolutamente nada que ver con ser una roca sin sentimientos. Pero como nos ha costado un ovario y la mitad del otro llegar a ser jefas, le tenemos pánico a expresarnos porque no vaya a ser que piensen que somos unas histéricas, armapedos o que si nos enojamos es porque nos está bajando.

YA BASTA DE DECIR «YO NUNCA LLORO» O «JAMÁS ME ENOJO».

Todas las emociones son válidas y hay que dejar de verlas como si fueran invasiones extraterrestres.

La mayor parte de mis veintes la pasé reprimiendo lo que sentía porque le tenía pánico al dolor. ¡Las emociones negativas estaban ahí! Sentía celos, pero al relacionar «celos» con «vieja loca» les daba la vuelta. ¡¿Por qué nos hacemos eso?! TODO lo que sentimos es válido, lo que sea, porque somos humanas y está en nosotras ver cómo vamos a trabajar y sacar esas emociones de las que huimos.

ENOJO:

Sácalo, grita, pégale a tu cama con una almohada. No te lo guardes. Por muchos años me compré la idea de que si me enojaba era por histérica o por exagerada. «No es para tanto», tal vez te dirán algunos. Y sí, también una decide cuánto tiempo se quiere clavar en la emoción, pero si algo te provocó ese enojo, es muy válido. ¿Saben qué pasa cuando no sacamos lo que sentimos? Se convierte en popó emocional. ¡Hay que jalarle, hijas! Si no, se acumula, y cuando sacas eso que sientes, ahora sí, pinche Romina histérica armapedos. Recuerden lo que hablamos de ser muy cuidadosas con nuestras palabras. Tampoco hay que dejarnos ir por el momento y lastimar a los demás solo porque estamos enojadas. Hay que sacar ese enojo, después respirar, revisar si todavía hay coraje y dejarlo ir.

ENVIDIA:

Ni se hagan, que todas la hemos sentido en algún punto. No hay problema. Suena a cliché, pero ver todo lo que tienes en lugar de lo que no, ayuda para superarla.

TRISTEZA:

¿Han visto cómo se saca de onda la gente si ve a alguien llorar? Es como si estuvieran viendo a un unicornio (ya sé, puse este ejemplo antes, pero no deja de sorprenderme lo extraño que nos resulta el llanto ajeno). Se les hace rarísimo, al parecer el llanto solo es admisible en ciertos lugares, o en el cine, o en un lugar privado o en un funeral. Nada más. El llanto causa incomodidad y hasta se pide perdón por llorar. ¡¿Perdón de qué?! A mí me pasó que, con la edad, ahora lloro por todo, y no me da pena llorar en público, ¿saben por qué? Porque me da igual lo que piensen los demás. No deberíamos necesitar estímulos externos para expresar lo que sentimos.

ANGUSTIA:

Se siente en el pecho y es porque a la mente le fascina andar imaginándose cosas que no son ni existen. La angustia es resultado de vivir en el futuro y no en el presente. Cuando la preocupación se manifieste junto con la ansiedad, tómate unos segundos para regresar al aquí y ahora; si te sirve meditar, haz una pequeña meditación solo para conectarte contigo. También es útil anotar lo que te angustia y, en vez de preocuparte, ocuparte en lo que sí puedes cambiar.

MIEDO:

Es un mecanismo de defensa porque, en sí, el miedo es imaginario. No es más que nuestra cabeza haciéndose una película de Hollywood de todo lo que podría pasar pero que realmente no está sucediendo. El miedo paraliza y si no lo detectamos a tiempo puede llegar a arruinar nuestros momentos más preciados. Así que, la próxima vez que lo sientas, acuérdate de esto: sí, son ideas fuertes, mas no son reales.

No se trata de poner en una cajita cuáles son las emociones que sí están padres y cuáles no, porque entonces estaríamos juzgándolas, y en vez de verlas y trabajarlas, las taparíamos. Aquí el tema es qué vas a hacer con esas emociones. ¿Qué vas a hacer con esa angustia? ¿Cómo vas a transformar ese rencor en perdón? ¿Cómo vas a utilizar el miedo a tu favor? ¡Todo lo que sientes es válido!

¿Por qué nos compramos las etiquetas que nos ponen los demás?

Tengo una amiga que me dice «convencida» que todos los hombres con los que sale son unos patanes y que por eso tiene mala suerte en el amor. Yo no creo en la buena o mala suerte. La vida no es un tema de suerte, sino de elección. Si uno: ya te compraste la idea de que «pobrecita, nunca conocerá el amor»; y dos: que eres un imán para el maltrato, probablemente no veas lo que estás haciendo y cómo puedes romper ese patrón. Claro, es mucho más cómodo no hacerse responsable de lo que una hace.

ETIQUETAS QUE NOS PONEN (O NOS PONEMOS):

«Con ese carácter, a ver quién te aguanta. Nadie te va a querer como yo» fueron las palabras de un ex que tuve, y por años me compré la idea de que, en efecto, era una gruñona y que iba a estar cabrón que alguien se enamorara de mí. También me funcionaba esa idea para ponerme pretextos y victimizarme. Es más, tenía tan presente que tenía un genio de la chingada que yo solita me saboteaba cuando conocía a algún muchacho. Pasó el tiempo y me di cuenta de que a pesar de que tengo un carácter fuerte, no estoy loca. Mi carácter viene cuando me provocan, por ende, ese ex que tenía se la vivía frustrándome, lo que causaba mi enojo.

#ROMITIP:

Las relaciones que tienes son reflejo de tu interior. Si eres violenta contigo y te maltratas, lo más seguro es que tengas relaciones tóxicas. Si eres una persona que se respeta y se ama, tus relaciones van a estar basadas en amor y crecimiento. Así que es bien cierto el dicho «Dime con quién andas y te diré quién eres».

VE MÁS ALLÁ DE LO OBVIO Y DE LA SUPERFICIE. DATE LA OPORTUNIDAD DE CONOCERTE PORQUE SOLO A TRAVÉS DE ESE CAMINO LLEGARÁS A AMARTE EN PLENITUD.

Deja la idea de perfección y de quedar bien con los demás porque **no existe**. Somos reacias a ser quienes realmente somos por miedo a que no nos acepten o no nos quieran, y ¿te digo algo? Es muy probable que cuando empieces a crecer y a sacar tu verdadera personalidad, vayas dejando atrás a personas que ya no deben estar en tu camino, ¡y está bien!

SUBRAYA LO SIGUIENTE (TE DOY CHANCE) Y TE VAS A ACORDAR DE MÍ: **HASTA QUE NO DEJES EN EL PASADO LO QUE NO TE ESTÁ PERMITIENDO AVANZAR, NO VAS A CONOCER LA FELICIDAD.**

La vida te va a poner a la gente correcta para que sigas creciendo y aprendiendo. Por eso le tienes que decir adiós a las cargas, a lo que eras antes, y darle la bienvenida a esa nueva persona que vino a esta vida a ser amor ¡y a ser feliz!

Lo que leerás a continuación te lo puedes tatuar o, si no eres tan aventada, convertirlo un tierno cuadrito de punto de cruz.

1 QUE NO TE DÉ PENA SENTIR.

2 SI QUIERES DECIRLE A ALGUIEN LO QUE SIENTES, HAZLO DESDE UN LUGAR DE CARIÑO Y RESPETO.

3 NO JUZGUES LO QUE SIENTES, TODO SENTIMIENTO ES VÁLIDO.

4 NO GUARDES EMOCIONES NEGATIVAS, SÁCALAS COMO QUIERAS PERO SÁCALAS. YA SEA GRITANDO, ESCRIBIENDO EN UNA LIBRETA O LO QUE TE FUNCIONE.

5 RECUERDA QUE TODA EMOCIÓN NO EXPRESADA SE CONVIERTE EN ENFERMEDAD Y PUES PA' QUÉ.

Solo como consejo:

Habrá personas que te amen como eres y otras a las que les vas a cagar. Es normal, y no por eso vas a ir por la vida modificando o jugando al camaleón para encajar y que te acepten. Las personas que realmente valen la pena en tu vida son aquellas que te quieren tal cual eres y que no buscan cambiarte. Esto no significa que deban aceptar que seas una berrinchuda o celosa y se chingaron. No, mamita, también debes crecer, evolucionar y analizar qué partes de tu personalidad necesitan trabajo. Todo esto, repito, no es porque quiera que te conviertas en el ejemplo de la sociedad, sino porque al **caerte bien tú, inmediatamente vas a tener una mejor relación con los demás.** Ya lo mencioné antes, pero si buscamos avanzar y ser felices con NOSOTRAS, debemos dejar de juzgar y vernos así tal cual, aunque duela y no nos guste.

Mujeres de muchos colores

Admiro profundamente a todas aquellas mujeres que tienen todos los colores, las que gritan de emoción, las que sonríen y son amables, las que aceptan que están pasando por un momento difícil, las que piden ayuda cuando la necesitan porque solas se sienten perdidas. Pedir ayuda, consejos, ir a terapia, rezar, meditar, es confrontarte con tu realidad, y eso es un acto de amor y valentía. Es mostrarte humana. Es quitarse la máscara de la perfección, del deber ser, del cumplir, del «yo todo lo tengo bajo control», pues termina por romperse. No podemos vivir en la imagen y en la pose. A veces, las situaciones o los malos momentos nos sobrepasan y no queda de otra más que entregarse a la situación y confiar en que el Universo, Dios o en quien tú creas, te mandó lecciones para tu evolución, no para tu sufrimiento ni porque haya un complot cósmico en tu contra.

SER VULNERABLE TE ELEVA.

Es quitarte costales de arena de encima. Es transitar por la vida sin capas ni mentiras. Es tu versión más pura, lo que realmente eres. Si te cuesta trabajo abrirte, confiar, sentir, entregarte, no te estoy diciendo que lo hagas a huevo, pero sí que lo trabajes. Es mil veces mejor darse un madrazo por haber sentido intensamente que quedarse con las ganas de... ¡O reprimirnos! ¿Para qué? ¿Qué ganas siendo la fuerte, la valiente, la que nunca se enamora?

No sentir es perderse de lo más rico de la vida, de lo que hace que todo valga la pena. Pero abrirse a los sentimientos es como despertar y ver con otros ojos cada una de las experiencias que nos ponen enfrente.

Te dejo con una reflexión que se me ocurre mientras escribo estas palabras:

QUÉ CURIOSO QUE ENTRE MÁS AÑOS TENEMOS, MÁS LE HUYAMOS A SENTIR. SER SENSIBLE ES EL MEJOR REGALO QUE TE PUEDES DAR. ¿QUÉ ESPERAS?

CAPÍTULO 4

Ayuda, por favor

Amo organizar fiestas en mi casa, bailar canciones de Fey, Kabah y OV7 con mis amigos, echarme unas chelas, terminar máximo 2:30 a. m. e irme a dormir. Ojo, si un día me agarra la mañana neteando con mis amigas, no pasa nada. No estoy peleada con salir ni con tomar, porque hoy ya identifico de dónde viene mi antojo por un drink, cuando llego a tenerlo: no viene de un lugar de necesidad para sentirme feliz, sino de las ganas de convivir y de disfrutar.

HOY SÉ QUE PUEDO CONTROLAR MI FORMA DE TOMAR, SÉ CUÁNDO DECIR QUE NO QUIERO Y CUÁNDO PARAR.

El alcohol ya no se apodera de mí y agradezco nunca haber tenido que tocar fondo para darme cuenta de que debía hacer un cambio.

Tal vez fue porque maduré y crecí o porque me cansé de pasar mi vida sintiéndome culpable... Me acuerdo de lo que era amanecer con angustia de ver el celular porque no recordaba si había dicho o hecho algo malo. Hoy ya no quiero que nada me controle, y agradezco poder reír y divertirme sin tener ese sentimiento de que debo beber para pertenecer o disfrutar del momento. Pero no siempre fue así... Es más, en mi vida pasada, como yo le llamo, tenía una relación bastante tóxica con la fiesta y el alcohol.

Cuando iba en la secundaria y en la preparatoria, era común que organizaran comidas o tardeadas en las que hubiera alcohol. La primera vez que tomé fue un Malibú con piña en una fiesta casera de una de mis amigas de la secundaria. Tenía 14 años. A esa edad, aunque hoy me asusta lo niña que estaba, ya iba con mis amigas y amigos a El Alebrije, el antro de moda en Acapulco. Yo creo que 95% de las personas en ese lugar eran menores de edad, pero eso no impedía que bebiéramos con singular alegría los cocteles que servían. Por cierto, si hoy me sirvieran algo de lo que daban en aquella época, no me lo tomaría ni aunque me ofrecieran conectarme a un suero al día siguiente. Esas madres tenían una mezcla como de seis tipos de alcohol y jugos. ¡Guácala! A los 15 años me puse mi primera borrachera en Acapulco. Me tomé varias cubas de fondo con un amigo de Veracruz que era un mega borracho, hasta que otro amigo terminó sacándome cargada del antro. Al día siguiente no amanecí cruda, solo me dio coraje haberme perdido la noche.

El alcohol nunca me asustó. Crecí dentro de una familia donde la fiesta era parte de la dinámica. Mis papás y mis tíos a veces terminaban las reuniones a las 7 a. m., y para mí, el drink era algo normal. Es más, en mi casa había el alcohol que te imaginaras, por eso las pijamadas siempre se organizaban ahí (también porque mis papás preferían que bebiera en mi casa a que lo hiciera quién sabe dónde). Nunca fueron controladores, pero si me dejaban salir a unos XV años o a una fiesta, tenía horario de llegada (una hora después de que abrían pista) y debía avisarles que ya estaba en la casa. Para saber si había tomado o no, me decían: «Ven, dame un beso», lo cual me la hacía difícil si planeaba ponerme borracha.

Igual no lo hacía. Como me cagaba que me regañaran o me castigaran, era muy bien portada. Sin embargo, empecé a beber más de lo normal cuando mi mamá nos dio la noticia a mi hermana y a mí de que quería separarse de mi papá. Jamás creí que mi «familia perfecta» se derrumbara. «*¡¿Cómo le puedes hacer eso a mi papá*?!*»*. Me lo tomé tan personal que la relación con mi mamá estuvo afectada por años. La noticia llegó justo dos meses antes de que me mudara a un internado católico fuera de México; estaba tan desubicada que me bloqueé y pretendí que todo estaba bien.

ESE VERANO DEL 2002, ANTES DE IRME AL INTERNADO, ESTABA TAN TRISTE QUE ME DEDIQUÉ A SALIR DE FIESTA PORQUE YO ERA LA REINA DEL *COOLNESS*. ¡¿CÓMO ALGO «TAN NORMAL» COMO UN DIVORCIO, QUE ADEMÁS LES PASA A MUCHAS FAMILIAS, IBA A AFECTARME?!

Uno de esos viernes salí a un antro con mi amiga Mirene y su novio de aquel entonces. Un güey que estaba en la barra quería ligarme y me preguntó si quería algo de tomar. Le dije que una cuba, y les prometo que no me tomé más de tres cuando le dije a Mirene que, por favor, nos fuéramos, que no me sentía bien. Nos subimos al coche de su novio, bajé la ventana y sí... vomité todo el coche (menos mal que solo por afuera). Mi amiga me bajó cargando, llegué al escusado y vomité otra vez. No podía hablar. No podía moverme. Jamás me había sentido tan mal en mi vida. Solo recuerdo que Mirene me decía: «Si no te sientes bien en una hora vamos a tener que ir al hospital». En ese punto ya me valía que mis papás me regañaran (igual estaba por irme al internado), yo lo que quería era sentirme bien. Por fortuna, los vasos de leche que Mirene me hizo tomar (¡qué asco!) me hicieron bien y reaccioné. Obvio al día siguiente me sentí fatal, pero más en el aspecto emocional. No había tomado tanto y el alcohol me había pegado horrible. ¿Qué había pasado?

Ese mismo verano, un día antes de mi cumpleaños y hablando por teléfono con mi amiga Valeria, decidí ir a la despensa de la cocina para servirme una cuba. La ventaja —o desventaja— de tener papás a los que les gusta el alcohol es que pocas veces se dan cuenta de si faltan botellas. Como mi papá compraba botellas de Bacardí prácticamente a granel, ni quién se fijara. El punto es que terminé borracha yo sola hablando y llorando con ella. Al día siguiente no quería hacer nada porque me dolía la cabeza y tenía un asco del demonio.

NO LE DECÍA A NADIE QUE ME ESTABA EXCEDIENDO EN EL ALCOHOL, HABÍA UNA PARTE DE MÍ QUE SABÍA QUE ESTABA MAL PERO NO SABÍA CÓMO SENTIRME MEJOR.

Regresé de mi año mocho en el que no tomé más que una cerveza de contrabando, cumplí 18 años y ahora sí, ya era legal y libre para ir al antro que quisiera. Tener identificación fue lo mejor que pudo haberme pasado porque nada me emocionaba más en la vida que ir a pararme al antro de moda para ver a quién me encontraba. Recuerden que en el 2004 no había redes sociales, así que tenías que estar en lugares nuevos para convivir y conocer a otros chavos. Nunca fui la más borracha porque no se me nota, pero siempre era la primera en organizar el precopeo en mi casa, y en aquel entonces, mi papá, en su nueva casa de divorciado, había asignado un lugar específico para armar pedas. Convirtió el sótano en vinatería, donde había alrededor de ocho hileras con veinte botellas cada una de ron, vodka, tequila, champaña... Teníamos hasta un refrigerador para puras cervezas.

Esa cantidad de alcohol no era para que nos la acabáramos, pero mi papá era el más feliz de recibir invitados; además, prefería que armáramos fiestas en su casa (donde él a veces supervisaba) a que bebiéramos en otro lugar.

TOMAR PARA MÍ ERA SINÓNIMO DE CONVIVENCIA Y ME DABA UN SENTIDO DE PERTENENCIA.

Crecí pensando que eso era lo obvio y lo lógico si invitas a alguien a tu casa, ¿no? «¿Qué te ofrezco de beber?».

Un año después de graduarme de preparatoria me fui a Nueva York a estudiar actuación. Tenía 20 años e iba a vivir en un departamento de Manhattan con mi amiga Sasa. ¡Independencia absoluta! Podíamos hacer lo que quisiéramos cuando quisiéramos y nadie nos iba a decir nada. Ese primer año viví de noche. Mi escuela de actuación, The Lee Strasberg o *Listra*, como le decíamos Sasa y yo, era demasiado flexible, así que acomodé mis clases y mis horarios de tal forma que mis días empezaban a las 11 a. m. por aquello de la cruda. Entre los vodkas con jugo de arándano que tomaba con particular emoción y los *nuggets* congelados que desayunaba, subí 8 kilos en tres meses. Me sentía una botarga, pero me daba igual; según yo me la estaba pasando increíble.

Los siguientes dos años cambió un poco mi dinámica de fiesta cuando entré al conservatorio de actuación The Neighborhood Playhouse: uno, porque me traían en chinga y no había tiempo para crudas; y dos, porque mi novio de aquel entonces no tomaba, lo que hizo que le bajara al desmadre. Eso sí, en cuanto me gradué y nos mandamos a la fregada, regresé con todo a la peda.

Así que los últimos dos años que viví en Nueva York, entre mi frustración de no encontrar trabajo, el ocio y los güeyes con los que salía, a quienes les gustaba combinar alcohol con marihuana, desfogué mi energía en la fiesta. Despertaba cruda, un día sí y al día siguiente también, a las 11:30 a. m. con hambre; salía a comer una hamburguesa con queso amarillo (en aquella época comía carne casi diario) o pizza, me sentía fatal de comer mal; recibía un mensaje de alguno de mis amigos para ir a un bar en la tardecita y, como no tenía nada que hacer y no sabía cómo decir que no, ahí iba otra vez, a postrarme en la barra de algún *dive bar* a pasarla un poquito mejor con una jarra de cerveza barata y un plato de alitas.

ME SENTÍA TRISTE Y NO SABÍA POR QUÉ. ME SENTÍA FEA, GORDA Y NO SABÍA CÓMO CAMBIARLO.

Iba de compras todas las semanas, a pesar de que no tenía dinero, y firmaba y firmaba en la tarjeta. Llegaba a mi casa con bolsas de ropa nueva, las vaciaba en mi cama y nada de lo que compraba me emocionaba. En realidad, nada me emocionaba. Era un círculo vicioso, y al vivir de noche, con gente que no está en sus cinco sentidos, la energía se te chupa.

Consecuencias de vivir en la fiesta

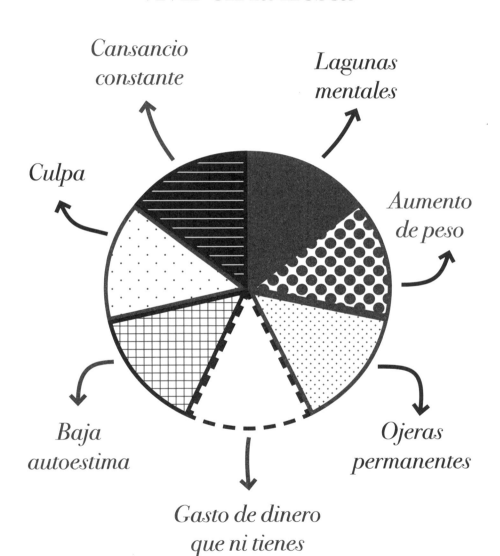

Cansancio
constante

Lagunas
mentales

Culpa

Aumento
de peso

Baja
autoestima

Ojeras
permanentes

Gasto de dinero
que ni tienes

DIME CON QUIÉN TE JUNTAS Y TE DIRÉ QUIÉN ERES

TUS AMIGAS Y TUS AMIGOS DICEN MUCHO DE TI. ES MÁS, DICEN TODO DE TI.

Cuando eres feliz, te amas, te quieres y te respetas, contagias esa energía, buscas generar bienestar. Cuando te autodestruyes, te incomoda la luz, y por consecuencia solo te vas a juntar con gente que tiene tu mismo estilo de vida. Por eso los yoguis veganos se juntan con yoguis veganos, y los campeones de perlas negras se juntan con los que les aplauden cuando se echan de fondo perlas negras.

El tema de salir con gente que está en lo mismo que tú es que se dan cuerda los unos a los otros y el desmadre empieza a normalizarse; es más, si no quieres salir o no quieres tomar, eres la rara. Por ejemplo, para mí era normal tener una pareja que se pusiera hasta las chanclas cada que saliéramos, tanto así que la gente que no tomaba hasta empedarse me daba hueva porque, claro, si no te emborrachas, ¿cuál es el punto de tomar?

Normalicé el hecho de que mi vida girara alrededor de la fiesta porque Nueva York es una ciudad donde la vida social de las personas gira alrededor del alcohol (y muchas drogas que yo jamás he consumido). En esos años fumaba hasta una cajetilla de Marlboro rojos en la peda, yo invitaba los *shots* en la barra y mis pláticas con mis amigas y amigos se basaban en lo que había sucedido la noche anterior. Los convencía de seguirla, de que eran unos aburridos por querer

74

irse. A veces ni yo sé cómo le hacía para aparecerme en múltiples planes en una misma noche ni cómo gastaba tanto dinero en la peda. La frase «cruda de vouchers» es de lo más mirrey pero me daba pánico abrir mi cartera y ver cuánto había firmado. Con todo ese dinero invertido en chupe barato pude haberme ido de viaje...

Espero que no sepan lo que es amanecer con culpa. Yo amanecía diario con angustia de no saber qué había hecho la noche anterior, con miedo de textearles a mis amigas por si había dicho o hecho algo malo, porque por esas épocas me estaba saliendo un lado violento. Obvio no había con quién platicar de esto porque para los demás era normal tomar de esa forma. Cuando les decía a mis amigos que me sentía mal por haberle gritado a un güey desconocido afuera de un bar, en vez de decirme: «Sí, fuiste muy grosera, ¿por qué te pusiste así?», me lo celebraban: «¡Ya, güey! ¡No te claves! ¿A dónde vamos a ir hoy a chupar?». Seguro estarán pensando: «¡Ay, qué azotada, Romina! Todos podemos ponernos mala copa de vez en cuando». Pero 95% de las veces que salía, terminaba diciendo o haciendo algo de lo que me arrepentía el día siguiente. En mis crudas, al sentirme tan mal, tenía pensamientos negativos y muy autodestructivos; y hoy lo sé porque me daba por escribir poemas cortos en mis pedas que dicen cosas oscuras desde un lado de mucho dolor.

Y SÍ, LA FIESTA COMENZÓ A SER UN PROBLEMA. Y NO TANTO CON LOS DEMÁS, SINO CONMIGO.

¿Cómo saber si la fiesta se convirtió en un problema?

☐ **TRANSFORMA TU PERSONALIDAD.** A mí me salía un lado violento o un lado extremadamente sensible. Solo con unas copitas aflojaban los sentimientos de Romi la Roca.

☐ **NO PUEDES PASARLA BIEN** sin traer algo encima.

☐ **TUS RELACIONES** giran alrededor de la fiesta.

☐ **TE HA GENERADO PROBLEMAS** en tu escuela, trabajo, con tu familia, etcétera.

☐ **LO ÚNICO QUE TE EMOCIONA** es que llegue el fin de semana para salir y tomar o drogarte.

☐ **NO RECUERDAS** la noche anterior la mayoría de las veces.

*Si palomeaste más de dos respuestas, es momento de preguntarte por qué lo estás haciendo y de dónde viene esa necesidad de consumir alguna sustancia nociva.

Ahora sé que en mis años en Nueva York estaba deprimida y que no quería ver ni aceptar mi realidad, que era más fácil huir. Escapaba de lo que se me pusiera enfrente.

AL NO ENTENDER LO QUE ERA SER RESPONSABLE DE MI VIDA, HUÍA DE COMPROMISOS, DE SENTIR, DE LLORAR, DE LO QUE FUERA... LO MÁS CABRÓN ERA QUE NO SABÍA CÓMO CAMBIAR NI A QUIÉN PEDIR AYUDA. ESTABA ESTANCADA.

Lloraba con mi papá cada que hablaba con él, y hablaba con él casi diario. «Ya regrésate, ¡qué haces allá!». Y por necia, porque menospreciaba México, porque me sentía más chingona que los demás, le decía que no, que me aguantara. Hasta que en octubre del 2010 regresé a mi Ciudad de México, por decisión propia, muerta de miedo, pero convencida de que ya era mi tiempo de trabajar como actriz y ser tan famosa como Ceci Suárez.

Back to México

Mi mamá fue demasiado amable de recibirme en su casa; lo único que acordamos fue que no le iba a pedir permisos, solo le avisaría a dónde iba para que no se preocupara.

Dos meses después de mi llegada, me presentaron a G. Fue una *double date* de mi amiga, su novio y G, que era amigo del novio. Fuimos a cenar a un lugar japonés. La intención era una cena tranquila en jueves, pero se salió de control con tanto sake. De ahí, nos fuimos a un antro donde pedimos infinitas rondas de *shots* de tequila. Yo ya estaba tan borracha que le armé un pancho a G porque estaba hablando con otra niña enfrente de mí. Ya no podía con mi peda, pero la seguimos en casa de una amiga, y corte A: abro los ojos, siento las pestañas pegadas, estoy en el sillón de casa de mi amiga y veo a G al lado de mí. Por fortuna estábamos vestidos. Me moría de pena porque me llegaron los *flashbacks* de yo mentándole la madre a G por patán. ¡¿Patán de qué?! Solo estaba platicando con una amiga suya. G me sonrío, yo no dije nada... Se despidió de mí superlindo y me dijo: «Al rato te escribo, tengo que correr porque voy una hora tarde al trabajo».

Ese día cuando llegué a mi casa me sentí fatal. G era un güey que me había gustado mucho y yo la había cagado poniéndome hasta las chanclas (como siempre). Lo bueno es que me llamó en la tarde y me preguntó cuándo nos volveríamos a ver, y hasta platicamos de la noche anterior y nos reímos «del incidente».

G y yo nos hicimos novios al mes de conocernos, nos enamoramos de la idea del otro (yo lo tenía en un pedestal porque «era demasiado perfecto») y éramos buenísimos para pretender que nuestra relación era envidiable. A los dos nos fascinaba la copita y cuando tomábamos todo se iba al carajo. Ese hombre caballeroso, romántico, simpático, se convertía en un macho violento. Y yo, la novia linda y cariñosa, en un manojo de emociones descontroladas. Nuestras peleas incluían gritos en público; una vez le di una cachetada y en varias ocasiones me dejó sola en fiestas porque, como nos enojábamos, se iba. Antes de cortar definitivamente, «cortamos» unas cinco veces en dos años. Nos hablábamos horrible, nos insultábamos y al día siguiente, como nuestra relación era una farsa, pretendíamos que todo estaba bien, pasábamos del odio al «te amo mucho, perdóname». Y así seguimos...

Cuando finalmente decidí ir a terapia en el 2011, según yo tenía mi vida en orden y uno que otro problemita, pero noooo, nooo, amigas… Como saben, una vez que decidí ser honesta conmigo, ya no pude hacerme pendeja. Y la realidad era que andaba con un macho que se disfrazaba de caballero y que yo era la máster del autoengaño.

Por ocho meses desperté pensando en cómo le iba a decir a G que ya no quería estar con él, que ya no era feliz. En terapia ya me había dado cuenta de que mi relación con él era tóxica y que no nos amábamos; de hecho, nos hacíamos chingos de daño. Después de una noche donde OTRA vez nos peleamos, me desperté y le dije que sacara sus cosas de mi casa. Fue dificilísima esta parte porque solo resonaba en mi cabeza la voz de mi papá: «Te dije que no te fueras a vivir con él».

¿QUÉ IBA A HACER YO SOLA? ME CAUSABA ANSIEDAD SABER QUE YA NO IBA A TENER NOVIO, ¿YO? ¡¿SOLTERA?!

En 2013, cuando finalmente decidí separarme de G, surgió la idea de abrir *Púrpura*. ¿Ven como la vida no quita, sino que te da más cuando te atreves a tomar una decisión? Decirle adiós a esa relación fue darle la bienvenida a una nueva etapa y también a un nuevo muchacho llamado P.

En realidad, no era tan nuevo, conozco a P desde que soy niña porque mis papás son amigos de sus papás, pero no habíamos coincidido y pues, como yo dizque ya había olvidado a G, nos hicimos novios a las pocas semanas de nuestra primera cita. P era banquero, fresa tipo mocasín Ferragamo y camisas de puños floreadas, muy buena persona, deportista pero también le gustaba la fiesta, como a 98% de los banqueros. Mi mayor conflicto con P era que nunca expresaba sus sentimientos más que cuando traía unas copitas encima. Por eso a mí no me molestaba que tomara;

al contrario, yo quería que se empedara para que me dijera cuánto me quería. ¡QUÉ ROMÁNTICO! ¿No creen? #RELATIONSHIPGOALS

Ese mismo año, P me inspiró a hace ejercicio y decidí empezar una vida saludable. Me inscribí en un gimnasio, empecé un programa de nutrición con *health coach* Clau Zaragoza (hablaremos de ello un poco más adelante), y al empezar a ver resultados en mi cuerpo y a sentirme mejor conmigo, le bajé a la fiesta y al alcohol.

Corté con P porque queríamos cosas distintas (él quería casarse y tener hijos, yo no), y al mes conocí a V y claro que sí, a las dos semanas empezamos a andar. ¿Ya se dieron cuenta de cómo no perdía el tiempo? Siento que en aquel entonces pude haberle hecho la competencia al Dr. Miguel Ruiz con *La maestría de la NO soltería*. V era lo opuesto a P. Además de que no se ponía mocasín mirrey ni por defensa propia, era romántico, cariñoso, me decía cada cinco minutos cuánto le gustaba y cuánto me quería, pero V llevaba un estilo de vida totalmente diferente al mío y le encantaba salir de fiesta al menos 4 días a la semana. Acepto que fue divertido por un rato, pero era difícil para mí llevar un estilo de vida saludable si me desvelaba todos los fines de semana.

Con V me di cuenta del patrón que había estado repitiendo constantemente con mis parejas: querer salvarlos, aguantar y quedarme callada. V me reflejó quién era yo en Nueva York, la mujer más sociable, la que no podía decir que no, la que no sabía qué hacer con su vida, la que se justificaba de todo y para quien el alcohol y la fiesta eran el escape. Pero yo ya no era esa persona, había crecido y mis prioridades habían cambiado. Estaba enfocada en crecer *Púrpura* y por primera vez en muchos años, había experimentado la felicidad que provenía de mí, no de nadie más.

EMPECÉ A ENTENDER QUE MI VIDA NO ERAN MIS PAREJAS.

Me cansé de salir con güeyes que no tuvieran el mínimo interés de crecer a nivel interno y que pensaran que ir a terapia era una tontería. Corté con V, me di en la madre, me deprimí, bajé 8 kilos pero por primera vez no quise tapar mi dolor con la fiesta. Es más, ni ganas me daban de salir. Sentía que debía guardar mi energía. Estaba tan rota por dentro que necesitaba sanar viendo la realidad tal cual era.

NOS DA MIEDO DECIRLE ADIÓS A LO QUE CONOCEMOS PORQUE TENEMOS MIEDO DE QUEDARNOS SOLAS, PERO LA VIDA NO TE QUITA SIN RECOMPENSARTE POR HABER TOMADO UNA BUENA DECISIÓN.

Al contrario, la vida me empezó a poner en el camino a gente que estaba interesada en crecer como yo, en la búsqueda de un estilo de vida más saludable.

Los verdaderos amigos respetan cuando dices no, cuando ya acabaste de estar en la fiesta. Mis amigas y amigos jamás juzgaron mi cambio; creo que también es parte de la vida, que crecimos y punto. Y respeto también a las personas que salen de jueves a domingo pero me cuesta trabajo identificarme con ellas hoy en día. Honestamente, prefiero un millón de veces más echar fiesta en una casa con gente que conozco y saber que si se me pasan las copitas, tendré que hacerme responsable (y curarme la cruda con un jugo de piña con espinacas y jengibre).

Nada es malo, solo que hay que asumirlo

Ya me puse bien mamá en este capítulo, pero yo tuve la bendición de que nunca me pasara nada ni en mis peores pedas. Corrí con esa «suerte», pero todo eso puede evitarse si nos cuidamos, si estamos nosotras en CONTROL de la situación. Agradezco infinitamente que no tuve que aprender a la mala, que nunca me pasó algo grave. Que, solito, mi cuerpo fue diciéndome: «Oye, fíjate que ya no», y que al tener esa nueva relación conmigo, escucho lo que quiere mi cuerpo y le hago caso.

Ahora, con esos varios años en el campo de la fiesta, te quiero dar los siguientes consejos.

#ROMITIP:

• Si decides ponerte malita de tu alcohol es porque tú quieres, no por presión social, no por encajar, no por hacerte la interesante y mucho menos para sentirte mejor.

• No hay que olvidar que si se te pasan las cucharadas (de alcohol) es muy probable que el control se te salga de las manos; siempre quédate con tus amigas o con gente en la que confías.

• OJO: si eres de las que ya se confió de «me pongo hasta las chanclas porque mis amigas me cuidan», no va por ahí. Deja de chupar y hazte responsable de ti.

• No es un tema de género, cualquier persona ahogada es de pena ajena. Sorry, alguien tenía que decirlo.

• Hay gente mala, así que no te expongas.

• Y la más importante: no tomes alcohol barato. Si de plano ves que el alcohol huele raro, mejor échate una cerveza y que la abran enfrente de ti.

Como dije al principio del capítulo: no es que ya no tome ni que me encierre; soy muy sociable, pero ahora soy de dos copitas (medio de oso, pero mejor) y ya quiero lo mejor para mí SIEMPRE. Ya no quiero hacerle daño a mi cuerpo, ya no quiero sentirme mal, ¿y qué creen? ¡Que sobria soy superdivertida y expreso lo que siento!

ENTENDÍ QUE LO MÁS CHINGÓN DE SALIR CON MIS AMIGAS O AMIGOS DE FIESTA ES DIVERTIRME Y REÍR, BAILAR HASTA QUE ME DUELAN LOS PIES Y CANTAR A TODO PULMÓN. **QUE AL DÍA SIGUIENTE ME PUEDA CARCAJEAR DE LO SUCEDIDO LA NOCHE ANTERIOR**, EN LUGAR DE SUFRIR PORQUE NO ME ACUERDO.

Que todo lo que hagan en su vida sea para sumar experiencias chingonas, porque eso sí, las noches de neteo con amigas son de lo mejor que puede pasar.

CAPÍTULO 5

Aprender a decir que no (y que te valga madres)

Estás en tu cuarto metida en las cobijas. Toda la semana estuviste en chinga porque eres bien intensa, mujer luchona y lo que más anhelabas era este momento en el que estás a punto de abrir ese libro que habías querido leer por tanto tiempo. ¡Ay, qué rico desconectarse del mundo por un ratito! Suena el timbre de tu casa y es el repartidor con tu cena. Pediste sushi para consentirte, ¡qué felicidad! Estás a punto de abrir la bolsa de cartón con la comida cuando ves en el chat de WhatsApp de tus amigas 135 mensajes porque todas están preparándose para ir a cenar y después al antro. Habías dicho que no irías, pero por chat aparte te empiezan a bombardear.

Patty:

> Fue mi cumpleaños hace dos semanas,
> ¡qué poca que no vas a venir!

Jimena de plano se pasó con sus 16 mensajes:

> ¿Dónde estás?

> ¡TE QUIERO VER, MENSA!

> ¿Es neta que no vas a venir?

> Yo quería que conocieras a este güey
> del que te había platicado.

> NO MAMES, NO MAMES ¡¡¡¡YA VEN!!!!

Tratas de poner el celular en silencio, pero hay una parte de ti que no puede con que tus amigas te escriban. Úrsula empieza:

> Qué mala amiga, todas se juntaron menos tú, ya no te van a llamar para hacer planes. Qué te cuesta salir, aunque sea un ratito. Dos horas y ya estás de regreso en tu casa. Ve, sal, date un chance... luego te andas quejando de que no conoces gente nueva, capaz que hoy en el antro te encuentras a algún muchachón que valga la pena.

Tú ya estás en pijama, con la peor hueva del mundo, pero cometes el error de escuchar a ÚRSULA, alias «voz del demonio», y decides renunciar a tu plan para ir con tus amigas, que aparentemente se la van a pasar de la chingada sin ti. Úrsula:

> Por eso te vas a quedar sin amigas, porque eres una antisocial. Y nada más te digo: en una de esas hasta hablan mal de ti. Otro día duermes, ni que tuvieras 95 años.

Le haces caso a Úrsula, llegas a la cena y todas ya están borrachas, discuten a qué antro ir, nadie te hace caso y terminas pasándotela... normal. Regresas a tu casa, te desmaquillas y mientras te quitas esa máscara de pestañas que no se limpia ni aunque te eches gasolina en los ojos, piensas: «Debí haberme quedado en mi cama, con mi libro y ya».

Sí, sí, tampoco es como que hubieras ido tres horas a hacer fila al banco en viernes de quincena, pero igual te sientes mal porque terminaste haciendo algo que no querías.

UNA DE LAS COSAS EN LAS QUE MÁS TRABAJO Y TRABAJARÉ EN LA VIDA ES PODER DECIR NO SIN CULPA, PORQUE JUSTO HACE UNOS AÑOS, YO HUBIERA SIDO LA SEÑORITA DE LA HISTORIA QUE LES ACABO DE RELATAR.

Ahora bien, ¿se acuerdan de los tests que venían en las revistas que leíamos en la adolescencia como la *Tú*? Bueno, pues aquí les va este, respondan sí o no con total honestidad.

¿Sabes decir que no?

1 Si no vas a un evento social (fiesta, reunión, rave), ¿te sientes culpable?

SÍ   NO

2 ¿Sientes que si dices que no, los demás se van a enojar contigo?

SÍ   NO

3 ¿Tienes necesidad de cumplir con todo mundo?

SÍ   NO

4 ¿Has hecho cosas que no querías con tal de quedar bien?

SÍ   NO

5 ¿Te genera ansiedad decir que no?

SÍ   NO

Si respondiste más de dos preguntas con SÍ es que tienes un temita con eso de quedar bien con los demás.

Ya te había contado acerca de la reacción de algunas personas cuando empiezas a ser honesta. Muchas manipulan y chantajean con tal de salirse con la suya, y lo más cabrón de todo: no respetan que los demás les digan que NO.

COMO SOMOS SERES SOCIALES, **EDUCADOS PARA SONREÍR Y QUEDAR BIEN CON TODO EL MUNDO**, NOS CUESTA UN OVARIO Y LA MITAD DEL OTRO DECIR QUE NO PORQUE *«QUÉ VA A PENSAR DE MÍ EL OTRO»*.

Cada día me vuelvo mejor en esto de decir que NO. Descubrí que cuando terminaba haciendo proyectos o yendo a planes que me daban hueva solo para que no se enojaran conmigo, iba mentando madres todo el camino. «¡Para qué voy! ¡Debí de haberme quedado en mi casa! ¡Nadie interesante va a ir!». Hasta que llegó un punto en el que me di hueva yo misma, y ahora, cuando no estoy segura de si quiero ir o no a algún plan, hacer o no una campaña, hago una lista de pros y contras.

¿En qué me va a sumar?

_____

_____

¿Por qué no quiero ir?

_____

_____

_____

Si digo que no, ¿cuáles serán las consecuencias?

_____

_____

_____

Se vale decir que es más importante tu cansancio y que por eso no quieres ir a la fiesta de aniversario de tus tíos, o que te recontra-caga ponerte vestidos largos y por eso no quieres ir a la boda de tu amiga. ¡Todo se vale! Solo que hay que asumir las consecuencias... Es MUY probable que tu *amigui* se sienta contigo para la eternidad porque preferiste no ir a la boda que ponerte un vestido por menos de 10 horas.

Es un análisis que aplico bastante seguido. A veces, mi traba-jo implica ir a eventos, fiestas de clientes, inauguraciones, lan-zamientos y más para documentar en redes sociales lo que está sucediendo. Seguido me llegan mensajes a través de mis redes diciéndome que qué envidia que me inviten a tanto canapé. Y sí, tengo un trabajo muy divertido, pero que a la vez es agotador y que requiere de mucha energía. Como también mi trabajo depende de mis clientes, no me queda de otra más que decir que SÍ, y voy con la mejor actitud, aunque sea por un par de horas. Ni modo, las re-laciones públicas son parte de mi chamba y lo asumo con mucho cariño y estoy muy agradecida con mis clientes.

Si terminas haciendo algo que al principio no querías hacer pero que después del análisis viste que te convenía, no te andes que-jando ni mentando madres. Asúmelo y da lo mejor que tengas. Si anticipas que te costará trabajo, mejor di que NO, pero sin azotarte y asumiendo las consecuencias.

¿Qué gano al decir «no»?

- ☑ **1** PONERME DELANTE DE LA FILA.
- ☑ **2** SER FIEL A LO QUE QUIERO.
- ☑ **3** NO CUMPLIR POR CUMPLIR.
- ☑ **4** SABER QUE SI LA OTRA PERSONA SE ENOJA ES SU PROBLEMA, NO MÍO. NO PUEDO CONTROLAR LA REACCIÓN DEL OTRO.

AHORA LES TOCA A USTEDES:

1

2

3

4

OJO: *también hay que apuntar las cosas que pierdes, así no pasarás por alto algo importante.*

ENTONCES, ¿DE DÓNDE VIENE LA CULPA AL DECIR NO?

¿Cuántas cosas que no querías hacer has hecho, que aunque sabías que no te iban a hacer bien, igual terminaste haciéndolas, ya fuera por presión social, por quedar bien o por impulso? ¿Y sabes por qué terminaste diciendo que sí cuando debías decir que no? Por no escuchar a tu intuición.

La intuición es esa vocecita que te da alertas, que, si la desarrollas y la escuchas, te da los mejores consejos. No se explaya tanto como aquella otra dama mejor conocida como Úrsula.

LA INTUICIÓN ES MÁS BREVE Y SE SIENTE EN EL PECHO.

Tu mente te podrá decir una infinidad de choros para convencerte de que hagas lo opuesto, pero tu cuerpo, tu temperatura corporal, tu corazón y tu intuición NUNCA se equivocan. Si te genera estrés asociarte con alguien o perdonar a tu amiga que te hizo una jalada, probablemente no estés tomando la decisión correcta.

Es verdad que a las mujeres nos genera más conflicto esto de tomar decisiones. ¿Saben por qué? Porque hay un tema cultural y social donde alguien nos dijo que teníamos que ser las lindas. *Peeeeroooo…*

LO DIGO ABIERTAMENTE: TENGO UN CONFLICTO CON ESO DE SER LINDA.

Lo que haces por ser linda

LO QUE *CREES* QUE LA
GENTE ESPERA DE TI

*Lo que quieres
hacer realmente*

LO QUE LA GENTE TE
PIDE QUE HAGAS

Las lindas son aquellas que van por la vida acumulando puntos. Como si fueran conductoras de Uber, buscan a toda costa sus cinco estrellas. Se desviven por los demás, siempre están disponibles para hacer las cosas, para cumplir, para ganarse la aceptación y aprobación de todo mundo. Dicen que sí a todo, aunque tengan que partirse en diez, aunque no les quede tiempo para ellas porque TODOS van primero antes que ellas mismas. SIEMPRE.

«Ay, es que Romi es bien linda, ve todo lo que hace por su familia. Ella ni come ni exige ni habla ni se queja, ahí calladita sirviéndoles a los demás».

OJO: TAMPOCO EMPIECEN A INVENTAR QUE AQUÍ, ROMINA SACRE, SU SERVIDORA Y COMADRE, LES DIJO QUE AHORA SE VUELVAN UNAS CABRONAS HIJAS DE LA CHINGADA JETONAS QUE LES AVIENTAN EL PLATO A SUS FAMILIARES.

Hagan las cosas desde el corazón, porque les nace y porque quieren dar. Es importante ser una persona amable y que les da a los demás. Está de huevos consentir al otro, planearle a tu mejor amigo una fiesta sorpresa, echarle la mano a tu vecina, pero que sea honesto, real y sin esperar nada a cambio, no para ponerte estrellitas en la frente por buen comportamiento.

«Es que yo le regalé un coche, le puse departamento, le daba su quincena y le regalé un gatito persa que me trajeron de Japón y él decidió separarse de mí. ¡Qué poca madre, yo doy y la gente es muy malagradecida!».

Oye, no. Nadie te obliga a dar nada que tú no puedas ni quieras dar. Tú solita decidiste gastar una fortuna en yenes por esa mascota. No hagas responsable al otro de tu extremo de lindura. NADIE tiene la obligación de quedarse contigo solo porque te desviviste por esa persona. Además, ¡qué terror estar en una relación así!

En diversas ocasiones, la intención es la incorrecta: doy para que me quieran, doy para que me acepten, para que me inviten, para pertenecer. Lo chafa del asunto es que además de las condiciones que vienen detrás, está simple y sencillamente la manipulación.

Si tienes el síndrome de la linda, tengo varias cositas que decirte:

1 **HAZ LAS COSAS PORQUE TE NACEN, SIN ESPERAR NADA A CAMBIO** (YA HABLAMOS DE LAS EXPECTATIVAS).

2 **DA PORQUE QUIERES**, NO PARA QUE DESPUÉS TE LAS PUEDAS COBRAR.

3 **HAY GENTE BIEN CULERA QUE NO APRECIA LOS DETALLES** DE LOS DEMÁS, ASÍ QUE NO SEAS LA VIEJA QUE A LA SEMANA DE CONOCER A UN GÜEY LE HACE UN LUNCH Y SE LO LLEVA DE SORPRESA A LA OFICINA.

4 **Y LA MÁS IMPORTANTE:** HAGAS LO QUE HAGAS, **HAZLO POR TI, NO POR LA APROBACIÓN NI EL CARIÑO DE LOS OTROS,** PORQUE LA NECESIDAD DE CAER BIEN SE HUELE A KILÓMETROS DE DISTANCIA Y ES 99% PROBABLE QUE TENGA EL EFECTO INVERSO AL QUE QUERÍAS.

También existen las que, por ser lindas, no dicen lo que piensan porque *no vaya a ser que quede mal con los demás*, ¿verdad?

LA NETA, *AMIGUI...* YA SUPÉRALO, NO VAS A QUEDAR BIEN CON TODO EL MUNDO.

Así que por más pays de manzana que hagas en las comidas familiares, por más cumpleaños de los hijos de tus amigas que te aprendas de memoria o por más que asistas a las subastas silenciosas de tus clases de acuarela, a huevo habrá un momento en la vida donde la cagues.

«No, Romina, yo nunca la riego».

¡POR FAVOR! ¡SOMOS HUMANAS, NO SOMOS PERFECTAS, NI LO SEREMOS!

Este pedo de la aceptación ¡qué cansado es! Tienes que pensar todo el tiempo en decir lo correcto, en tener una opinión como la de los demás, en ser supercuidadosa de no hacer una broma que no entiendan porque, de lo contrario, te cae encima el mundo entero. Por ejemplo, yo que tengo un humor sarcástico y soy extremadamente burlona (especialmente conmigo), hay algunas personas que no entienden mi humor y se ofenden. Se lo toman personal.

La primera vez que leí en Facebook: «Eres una pendeja», «¿Quién es esta fresa hinchada que no sabe hablar?», y la peor, «Pinche puta», me solté a llorar. Nadie te prepara para este tipo de comentarios.

Trato de leer lo que me escriben porque me gusta tener contacto con mi comunidad, pero hay veces que de plano prefiero no ver ni lo bueno ni lo malo. Cuando alguien te felicita por lo que haces, es un sentimiento tan grande... no les puedo explicar porque significa que alguien conecta contigo y que esas horas de trabajo han valido la pena. Los otros comentarios… tampoco me los puedo tomar de manera personal. No sé quiénes sean ni por qué escribieron eso, pero al final no deben afectarme. Además, ¿de dónde sacan que soy puta si nunca he cobrado? Lo mismo con clientes que dicen que soy una «difícil» porque exijo que me paguen a tiempo.

Un consejo de vida, no lo digo yo, sino el doctor Miguel Ruiz en su libro *Los cuatro acuerdos*: «No te tomes nada personal». Es decir, lo que diga, piense o ladre el otro sobre ti, no es tuyo; son SUS ideas. Por ejemplo, el *troll* que me dijo pendeja. No es que yo sea pendeja, es que a él se le hizo pendejo el video que hice. Por eso no me debo sentir ni ofender.

NO PUEDES CAMBIAR LAS OPINIONES DE LOS DEMÁS

¿Vas a vivir la vida de alguien más con tal de que estén felices contigo? ¿Piensas renunciar a quien eres solo porque a los demás no les parece? ¿Vas a quedarte en el clóset (todas tenemos el propio, seas gay o no) por miedo a que ya no te quieran?

SI CON LOS QUE TE IMPORTAN TE TIENE QUE VALER, **CON LOS QUE NO TE IMPORTAN TE TIENE QUE VALER MIL VECES MÁS.**

No estoy diciendo que ahora debes pelearte con el mundo entero, armar una huelga porque nadie te entiende o rebelarte; parte de lo que te toca al asumir tu vida es respetar lo que piensen los demás y no engancharte. Tampoco te empeñes en cambiar lo que piensan los otros porque serías igual que ellos, y qué hueva vivir en constante pelea porque *«no te entienden»*. No te tomes las cosas de manera personal.

SI YA TOMASTE UNA DECISIÓN, **LA TIENES QUE ASUMIR Y HACERTE RESPONSABLE DE ELLA.**

Cuando le dije a mi papá que la maternidad no está en mis planes, puso el grito en el cielo. «Qué egoísta eres» fue lo que me dijo. Y en vez de pelear con él porque *«cómo se le ocurre hablarme así»*, le expliqué con todo el amor y con toda la paciencia que no era un tema de egoísmo, sino de vocación. Que, al contrario, ser honesta conmigo es más valiente porque la maternidad es la única decisión que es para toda la vida y yo no buscaba eso. No sé si entienda mi opinión acerca de la maternidad porque pues #BabyBoomer pero me respeta y con eso es más que suficiente. Y yo también lo respeto porque mi papá tiene más de 70 años y creció con otras ideas.

Mi consejo es: no te enganches ni te aferres a defender tu punto. Y aplica todavía más con las personas que ni te importan. No gastes energía con gente que por más que le expliques tus razones no las va a escuchar, y la neta es que no tiene por qué. Tú enfócate en tus decisiones y en lo que tú quieres hacer. Escoge bien tus batallas y no gastes energía a lo güey.

Pide perdón, pero también detecta el chantaje

Si una persona se siente contigo porque *le fallaste* y tiene razón, debes hacerte consciente de la acción. Pide perdón, sé humilde y reconoce que la cagaste, que sea un perdón de corazón, pero sin azotarte. Asúmelo con dignidad y punto. Si la otra persona acepta tu disculpa, ya la armaste. Eso sí, que el otro también te perdone de corazón, no se aceptan chantajes posteriores.

Si de plano el otro no quiere perdonarte después de tu disculpa, respétalo. Dale tiempo. No es tu orgullo, sino que la otra persona no ha podido soltar lo que pasó, y una vez más: no te lo tomes personal. Si detectas que es berrinche o manipulación, ¡qué hueva! Sí ubicas el berrinche, ¿verdad? Es cuando la persona se clava demasiado en lo que le hiciste y por más que ya le pediste perdón, sigue en el drama y no sale de ahí. La manipulación ocurre cuando te controlan y buscan que tu reacción sea la que ellos quieren.

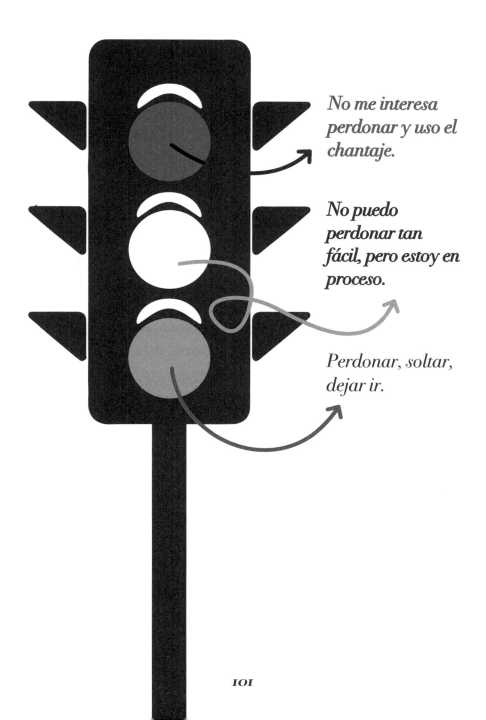

No me interesa perdonar y uso el chantaje.

No puedo perdonar tan fácil, pero estoy en proceso.

Perdonar, soltar, dejar ir.

Siendo honesta: la vas a cagar no una, sino miles de veces. Es parte de la vida aprender a levantarse después de caerse y, también, a ser humildes y pedir perdón (que tanto nos cuesta). Somos unas buenazas en señalar, pero cuando se trata de nosotras... ¡ah, *jijo*, lo difícil! No seas tan dura contigo. Yo era la más culera conmigo (además, Úrsula, así que ya se imaginarán) y cuando la cagaba, eran semanas enteras de darle vueltas al asunto y de sentirme del nabo por los errores cometidos. ¿Y al final qué ganas? ¿Qué ganaba yo esos días encerrada en mi cuarto, escondiéndome de lo que había hecho? El cargo de conciencia y la culpa sirven pa' pura madre. ¡Es tu mente! ¡Es Úrsula una vez más!

#ROMITIP:

Si realmente te importa esa persona, debes estar convencida de pedir perdón desde un lado honesto y desde el corazón. Hazlo de frente, pero, si te cuesta trabajo o de plano la otra persona está tan enojada que no quiere verte, está bien. Hazlo en un *mail* o en un mensaje, o si te quieres ver muy siglo XIX, escribe una carta. Lo más importante es aceptar que la regaste y ofrecer una disculpa honesta. Aquí tienes que tomar en cuenta que debes aprender de tus errores para no repetirlos y que, si realmente valoras la relación con esa persona, debes cuidarla. La gente no tiene por qué perdonarte si repites constantemente el mismo error.

Admitir que te equivocaste y aceptar una disculpa son de los actos más humanos que existen. Pedir perdón es aceptar que la cagaste, que no eres perfecta, que cometes errores y que estás dispuesta a arreglar «el error», por así decirlo. Por otro lado, perdonar es dejar el ego y soltar el pasado. Así escrito se oye superbonito, pero pedir perdón y perdonar DESDE EL CORAZÓN es todo un tema porque quieras o no, duele, y un chingo, cuando alguien te lastima.

Igual que al pedir perdón, si vas a perdonar debe ser desde adentro. Si no quieres otorgar el perdón, está bien, es tú decisión, pero no se vale andarle restregando a la otra persona lo que te hizo por la eternidad o usar esa cagada para manipularla, controlarla o chantajearla. Recuerda que perdonar es más para ti que para la otra persona, no quieres cargar con ese rencor.

HAY POCAS COSAS TAN BONITAS COMO SER HONESTA Y MOSTRARTE HUMANA.

Algunas veces la cagarás tú; otras, los demás. Es parte de la vida. Eso sí, después de esos tropezones (como cuando vas al antro y te caes), ¿qué aprendiste? ¿Con qué te quedas? Que no tienes que ponerte tacones altos cuando vas a ponerte peda. No es cierto. **Que tienes que ser honesta contigo desde el principio y decir tu verdad.**

Lo bien que se siente ponerte delante de la fila

Tardé varias sesiones de terapia en entender que dentro de mi programa mental estaban la exigencia de ser una persona sociable y una necesidad tremenda por quedar bien con los demás. Antes de mi proceso terapéutico, 95% de lo que hacía era por esa necesidad de aceptación, por miedo a que se enojaran conmigo o a que ya no me quisieran. Era la porrista, el tapete, la mamá, la terapeuta... Y sentía que era mi deber salvar a los demás o ayudarles a salir del hoyo. Me compré ese papel por años, y lo hacía tan de maravilla que dejaba a un lado mi vida y lo que yo quería con tal de que el otro estuviera bien.

También descubrí mi necesidad por quedar bien y que, desde chiquita, buscaba que me pegaran estrellas doradas en la frente; la necesidad de aceptación la llevaba cargando desde niña. «Romi, estás muy bonita como para enojarte», «Romi, no te pongas así», «Romi, sonríe y da las gracias». Me cansé de hacer las cosas por los demás, de sentirme frustrada por quedarme callada, por dejarme siempre en segundo lugar, y todo porque le tenía pavor a que dejaran de hablarme o, en el caso de mis parejas, a que me cortaran.

Acepto que todavía me cuesta. Decir que NO es mi talón de Aquiles, pero es mi ejercicio de todos los días, y cuando practicas ponerte como prioridad (porque sí, es una práctica), cada vez fluye más fácil.

¡Ay, amigas! ¡Si yo les contara de esta libertad que ahora experimento! El hecho de sentir que mi vida es mía y que no le debo explicaciones a nadie. Yo vivo lo que quiero, yo decido qué sí y qué no, a dónde me voy a meter y qué es lo que ya no acepto.

Si fueras la persona que más se ama en el mundo, ¿qué harías?

Durante unos meses salí con un cuate que por un lado era caballeroso, superespléndido y me quería, pero que también era extremadamente controlador e inseguro, y me transmitía esas inseguridades. Tenía rasgos violentos que yo no veía, pero que mi cuerpo sentía; la mayor prueba fue que empecé a engordar y yo no entendía por qué.

En una de sus visitas a México (¡ah!, era extranjero), yo ya no aguantaba más. Había subido una foto suya a mi Instagram cuando recibí un mensaje de su parte diciéndome que por qué le hacía eso, que se veía gordo y feo, que si estaba burlándome de él. ¡Imagínate el nivel de inseguridad! Inmediatamente la borré, pero no entendía por qué reaccionaba de esa forma.

Yo ya no sabía qué decir ni qué no decir porque cualquier cosa desataba su neurosis. Se la vivía de mal humor y esa energía tan negativa comenzó a afectarme.

Cuando fui a terapia, Diana me vio y me preguntó qué me pasaba. Al comenzar a platicarle, le dije que no sabía qué hacer porque lo quería mucho, entonces me preguntó: si fueras la persona que más se ama en el mundo, ¿qué harías? Tuve mi respuesta en ese instante. Salí de terapia, y cuando llegué a mi casa, tomé la decisión de cortar con él. Obvio me mentó la madre y me dijo la cosa más pinche bella del mundo: «Nadie te va a querer como yo te quiero». No le dije nada, me quedé callada, pero pensé: «Si eso es amor, no, gracias; yo tengo que darme mi propio amor, que mucha falta me hace».

Eso hice: ponerme como prioridad. Yo antes que todo el mundo. No por ego, sino porque me amo un chingo. Tomé esa ruptura como lección y dije: «No vuelvo a ponerme en segundo lugar. No vuelvo a permitir maltrato de ninguna forma». Me hice esa promesa y no pienso romperla jamás.

Amarte no es egoísmo, al contrario; cuando te amas, tu mundo alrededor cambia. Generas más amor y, por consecuencia, te llega más amor. Cuando te amas, pones límites, y ponerles límites a las personas es respetarte. Si tú no pones límites y dejas que tu familia, tus amigos, tus vecinos, el portero de tu edificio, hagan de ti lo que quieran, habrá pedos siempre, porque la realidad es que la gente abusa (y un chingo).

LOS LÍMITES SON NECESARIOS Y SANOS EN TODAS LAS RELACIONES QUE TENEMOS.

Imagina la siguiente situación: cuando te contrataron, tu jefe te dijo que el horario de oficina era de 9 a. m. a 6 p. m., así que tú sabes que ese es el horario. En el momento en el que tu jefe te exige que te quedes hasta las 10 p. m. y tú ya terminaste el trabajo, tienes todo el derecho de decirle que cuando aceptaste el empleo, fue porque el horario abarcaba hasta las 6 p. m. Si no dices nada, ya valiste madre y nunca saldrás a la hora acordada. Tienes que ponerle límites al trabajo (y a la gente, y a las relaciones, y a todo lo que ya dijimos). No es sano estar obsesionada con cumplir, quedar bien, echarle muchas ganas para que tus jefes vean cuánto amas la empresa. ¿Te digo algo bien culero? Nadie es indispensable, y sí, si haces bien tu trabajo es probable que lo reconozcan, pero el día de mañana te pueden correr, ¿y qué vas a hacer tú? ¿Dónde quedó tu vida? ¿Dónde quedaste tú? ¿De qué te sirvió dar tanto?

Si tú estás bien con trabajar hasta las 2 a. m. porque quieres dar un mejor resultado, adelante. Se vale desvivirse en el trabajo, pero solo porque tú quieres, porque tú decidiste y porque para ti ese esfuerzo extra viene de un lado de pasión y entrega.

Entonces, ¿por qué cuesta tanto trabajo poner límites?

——————

1 POR MIEDO A QUE NOS DEJEN DE QUERER.

2 PORQUE CUESTA TRABAJO DECIR QUE NO.

3 PORQUE A VECES NO DECIR NADA «ES MÁS CÓMODO».

4 PORQUE NO QUEREMOS ENTRAR EN CONFLICTO.

EL RESPETO AL OTRO ES LA PAZ

Le cambié unas palabritas a la frase más famosa de Benito Juárez, pero así se entiende mejor el mensaje que, por cierto, está lleno de razón. Ya hablamos de respetarnos a nosotras, pero ¿qué hay de cuando no respetamos al otro o la otra persona no me respeta a mí?

Cuando no respetamos al otro

Respeta al otro: a quién ama, en quién cree o lo que quiera hacer de su vida. No se trata de estar de acuerdo o no, se trata de no juzgar y de no querer cambiar al de enfrente.

   ¿Por qué creen que vivimos con tanta guerra, violencia, homofobia y eventos trágicos? Porque no respetamos a los demás. Respetar no es pensar igual ni coincidir, sino entender que tú no tienes la verdad absoluta ni ningún derecho de decirle al otro qué hacer o qué pensar. Ni aunque sean tus hermanos, tus mejores amigos o tus hijos. En conclusión: no te metas en lo que no te importa.

#ROMITIP:

Si la otra persona te pide un consejo, y solo si te lo pide, dile lo que piensas desde tu corazón. No desde tu deseo de control ni desde tu ego. Y si no sigue tu consejo, no te enojes. Recuerda que no tiene la obligación de cumplir tus expectativas.

Cuando el otro no te respeta

Hay personas que llegan con harta libertad a decirte lo que deberías hacer o cómo lo harían mejor ellos. Algunos papás deciden por sus hijos lo que deberían estudiar o con quién deberían casarse (aunque no lo creas, esto sigue pasando con todo y que ya llegó el hombre a la Luna y existe el queso vegano).

NO TIENES POR QUÉ AGUANTAR A UNA PERSONA QUE SE PASA POR EL ARCO DEL TRIUNFO TUS DECISIONES Y A TI ENTERITA. ESA PERSONA NO TE QUIERE, Y CON ESTA BANDA TIENES QUE SER ULTRAFIRME. PUNTO.

En pocas palabras, nunca te sientas mal por tomar tus propias decisiones. Si los demás no lo entienden, ES SU PEDO. No vas a vivir tu vida quedando bien con los demás, ni viviendo la vida que los demás quieren que vivas. Que se dediquen ellos a enfocarse en sus vidas en vez de prestarle tanta atención a la tuya.

Al final, tú decides qué quieres. Espero que sea ponerte delante de la fila. Ah, y antes de que se me olvide, hablemos por un momento sobre EL MIEDO AL RECHAZO.

Cosas que he hecho por miedo al rechazo

☐ QUEDARME CON LAS GANAS.

☐ QUEDARME PASMADA FRENTE AL CELULAR PENSANDO SI DEBERÍA O NO MANDAR ESE MENSAJE.

☐ QUEDARME CALLADA.

☐ DECIR QUE SÍ A COSAS O SITUACIONES QUE DESPUÉS ME INCOMODARON.

☐ ARREPENTIRME.

☐ NO ACTUAR.

☐ SENTIR ANSIEDAD E INSEGURIDAD.

EL NO YA LO TIENES, HAY QUE BUSCAR SIEMPRE EL SÍ.

Oye, tampoco estoy diciendo que te avientes a lo güey, pero quiero que sepas, por si no te había quedado claro en los capítulos anteriores, que a la mente le fascina hacerse una teleserie de los peores escenarios posibles, y es tan convincente, como la actuación de Thalía en *Marimar*, que por eso nos aterra movernos. Podemos quedarnos ahí, en el miedo y en la incertidumbre, en lo que ya conocemos. Sin embargo, en la zona de confort jamás avanzas. En los momentos más duros, donde más trabajo me ha costado tomar decisiones, ha sido cuando más he crecido. Es como si el Universo te diera regalos por serte fiel a lo que tú eres por dentro. ¡Así que no esperes más! Anímate aunque sea a intentarlo.

CAPÍTULO 6

Soltería no significa estar sola, y tener pareja no implica que estés completa

---

Te voy a contar un secretito, que se quede aquí entre nos: yo no sabía estar sola. Mi papá y mi hermana hacían apuestas de cuánto tiempo iba a durar con mi nuevo novio porque a los pocos meses solía hartarme e ir en busca de otros brazos. No entendía lo que era estabilidad ni compromiso. Como estaba confundida y no sabía lo que quería, me llegaba puro vato igual que yo. Andaba, cortaba, salía con uno nuevo. Andaba, cortaba, salía con otro nuevo. Hasta que llegó una situación que me cambió la vida.

Conocí a V por redes sociales, pero al estar de *stalker* me di cuenta de que teníamos amigos en común, así que me encargué de que le llegara el chisme de que me gustaba. Me invitó a salir y en nuestra primera cita yo no daba crédito de mi buena suerte. V era guapísimo, divertido e inteligente. Se me salían las lágrimas de risa cuando estaba con él. Yo juraba que con él sí me casaba, es más, hasta el instinto de maternidad me entró. En esa época apenas estaba arrancando *Púrpura*, actuaba en una obra de teatro y no tenía muy claro hacia dónde iba mi negocio. A los tres meses de salir con él, un post que escribí junto con V se volvió viral. Ya era el cuarto post viral que tenía en menos de un año y mis exsocios y yo consideramos llevar *Púrpura* al siguiente nivel, poner una oficina y arriesgarnos con todo.

En ese entonces V estaba pasando por una crisis personal y laboral, llevaba unos meses sin trabajo y al no tener tantas responsabilidades, salíamos mucho de fiesta. A ver, era superdivertido, pero yo sentía que esa etapa ya la había vivido. No hay a quién echarle la culpa, simplemente no funcionó. Había mucho amor, pero a pesar de que lo quería mucho, me quería más a mí, y con él a mi lado no iba a crecer. En terapia me di cuenta de mi patrón: todos mis ex eran estos güeyes a los que yo tenía que echarles porras porque ellos no se la creían, como yo en ese momento.

¿VEN CÓMO NUESTRAS PAREJAS SON NUESTROS ESPEJOS? ¡CHALE!

Cortamos y se me rompió el corazón, pero también me di cuenta de que a veces el amor no es suficiente. Fue durísimo ese momento porque, por primera vez en mi vida, me topé frente a frente con el dolor y decidí no volver a hacerme güey. Si la vida me había mandado esta experiencia, iba a aprender de una vez por todas. De hecho, también aprendí que todas las personas que se cruzan en tu camino vienen con un propósito, siempre. En fin, bajé notablemente de peso y todos me decían que me veía superbién, pero jamás había estado tan triste, dormía y despertaba llorando. En terapia, me enfrenté a todo lo que sentía: la soledad, mis miedos y mis expectativas, y decidí sentirlo, aunque me ardiera el pecho de dolor; no iba a fingir que estaba bien cuando en realidad me estaba cargando el payaso. Esta vez iba a aprender a estar conmigo.

El libro *Comer, rezar, amar* de Elizabeth Gilbert es una de mis mayores inspiraciones en la vida; recuerdo que al terminar de leerlo, dije: «Yo quiero eso. Quiero viajar sola y estar conmigo». Cuando estás hecha mierda, no queda de otra más que buscar maneras de sentirte mejor, creo que es un instinto de supervivencia.

Compré un boleto a Bacalar, una laguna preciosa en Quintana Roo, y me fui unos días a estar conmigo, a pedirme perdón por todas las veces anteriores que me había fallado, a estar en silencio y a demostrarme que yo podía estar conmigo misma. Regresé renovada y con ganas de hacerme más tatuajes (¡ja!). En ese viaje, me prometí dos cosas: no volver a abandonarme por nadie más y que, a partir de ese momento, trabajaría para convertirme en la pareja que yo tanto estaba buscando.

QUÉ BONITO, ¿NO? ESTAR SOLTERA Y FELIZ ES SER PAREJA CONTIGO.

En esa etapa conocí a mis actuales mejores amigos, cuando finalmente me abrí a ir a planes con gente que no había tratado tanto. Por primera vez, me sentí libre y dueña de mi vida. Fue cuando empecé a crecer en el trabajo, cuando abracé mi poder y me di cuenta de que podía lograr todo lo que quería si me enfocaba y trabajaba duro.

Claro, mientras yo la pasaba a toda madre, las personas a mi alrededor se empezaron a preocupar por mí porque, ¿cómo iba yo a estar soltera?

PREGUNTA SERIA: ¿DE DÓNDE SACARON QUE A HUEVO TENEMOS QUE ESTAR CON ALGUIEN MÁS PARA ESTAR COMPLETAS?

Antes pensaba que solo existía una opción: debía conocer forzosamente al hombre con el que sería feliz el resto de mi vida. Sin embargo, uno de los días más reveladores que he tenido fue cuando descubrí en terapia que podía ser feliz soltera, conmigo misma. «¡Ah! No tengo que seguir el camino de las demás. Puedo elegir un camino propio».

No sé de dónde venga esta idea arraigada de que las mujeres necesitamos pareja a la de a huevo para realizarnos. Que debemos buscar a alguien que nos cuide, nos proteja, nos mantenga y nos lleve de viaje. Prácticamente, que esa pareja decida hacia dónde va nuestra existencia.

Y una de las cosas más cabronas (y que no entiendo) es que nos meten hasta en los productos de belleza esta idea de mujer empoderada e independiente, pero en realidad nos seguimos comportando como adolescentes necesitadas pepenando amor por donde caiga. ¿Por qué nos cuesta trabajo estar con nosotras?

Por eso les presento a esta temida especie, a estas mujeres que son tan juzgadas como un exgobernador corrupto.

CON USTEDES:
¡LAS SOLTERAS!*

*TODOS SE ASUSTAN.

Estaba en la boda de una de mis mejores amigas y fui sin pareja. Una muchachita que no es tan mi amiga, pero que conozco desde hace tiempo, estaba en *shock* de que yo no tuviera novio. Esta señorita (señora) se casó a los 23 años, tiene 4 hijos y al parecer, mi vida era demasiado rara para ella. Me preguntó: «¿De qué hablan las solteras? Por favor, explícame» y lo dijo en serio. Me hubiera gustado contarles que le respondí con algo súper inteligente, pero la neta es que me quedé callada, no supe qué decirle.

¡¿Cómo que de qué hablan las solteras?! ¿Qué clase de pregunta es esa? Las solteras son mujeres como cualquiera. Punto. Y hablan de lo que se les antoja o se les ocurre al momento de conversar. Pero dado que existe tanta curiosidad sobre su existencia, les presento una breve descripción de los tipos de solteras que no solo he encontrado en mi camino, sino que he sido en el transcurso de mi (no tan) breve existencia.

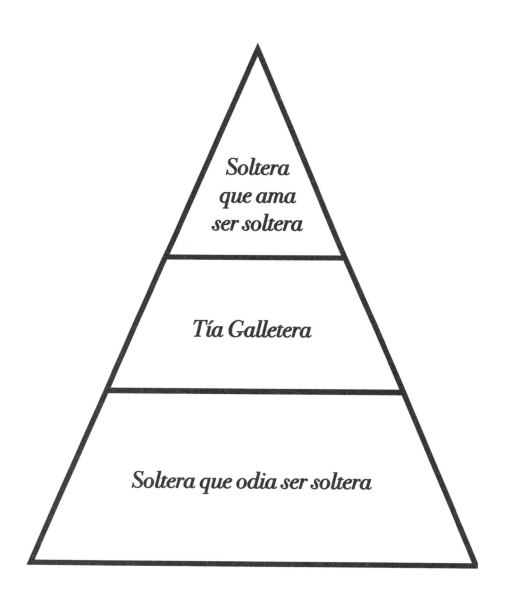

Soltera que odia ser soltera

☐ SE QUEJA TODO EL TIEMPO DE QUE LA VIDA ES CRUEL CON ELLA PORQUE NO TIENE NOVIO.

☐ LE PIDE A QUIEN SE DEJE QUE, POR FAVOR, LE PRESENTE A ALGUIEN. «OYE, ¿NO TIENES UN PRIMO/TÍO/SOBRINO/ AMIGO QUE QUIERAS PRESENTARME?».

☐ HA SALIDO CON GENTE QUE NI LE GUSTA TANTO PORQUE «NO TIENE NADA QUE PERDER».

☐ LE TIENE PÁNICO A LLEGAR A LOS 35 Y NO TENER NOVIO PORQUE «YA SE SIENTE QUEDADA».

☐ HA SALIDO CON GENTE DE TODAS LAS APPS DE DATING.

☐ DICE TENER MALA SUERTE EN EL AMOR.

Yo fui parte de ese grupo, la que odiaba estar soltera y me la vivía saliendo con puro necesitado igual que yo. Lo que debes analizar, si estás en este tipo de situación, es que tal vez no seas tú la que quiere tener novio, sino que quizá traes en mente las ideas de otras personas (piénsalo con calmita, tal vez sean las expectativas de tu familia, tus amigos o la presión social).

HAY QUE ENTENDER QUE LOS TIEMPOS SON PERFECTOS, Y QUE, **SI POR EL MOMENTO NO TIENES NOVIO, ES PORQUE DEBES ENFOCARTE EN LO QUE SÍ TIENES,** EN TI, EN TU VIDA Y EN TUS PLANES.

No hay nada más atractivo para los demás que una mujer que está trabajando en sí misma, en su felicidad y en su crecimiento. La persona indicada llegará cuando sea el momento; acepta la realidad y sé feliz contigo tal cual eres.

Tía Galletera

☐ SUEÑA CON CASARSE.

☐ TRAE EL VESTIDO DE NOVIA **EN LA CAJUELA.**

☐ CADA VEZ QUE VA A UNA BODA, SE IMAGINA CÓMO SERÍA LA SUYA **Y SE TOCA EL CORAZÓN CUANDO LOS NOVIOS BAILAN EL VALS.**

☐ CUANDO VE QUE LA NOVIA VA A AVENTAR EL RAMO, **SE ABALANZA POR ÉL COMO SI FUERA A CONVERTIRSE EN UN MUCHACHO QUE LE VA A DAR EL ANILLO.**

☐ SE SIENTE QUEDADA A SUS 27 AÑOS.

Si alguna vez te has sentido quedada, solo piensa que no existe un límite de edad para casarte. Ve a nuestra Salma Hayek que se casó a los 41 años, ¡y con un millonario! Ya, en serio, da igual la edad que tengas, mientras lo hagas con un millonario... ¡No, ya! Lo único que importa es estar convencida de que quieres compartir tu vida con alguien especial.

No andes de desesperada porque te vas a encontrar con un desesperado igual que tú, y ahí te encargo la relación codependiente.

Para no echarles tanto choro de lo que es una relación codependiente, mejor les dejo una *playlist* (aunque estas canciones son divertidas para echar desmadre en un karaoke, vivir la realidad que describen en una relación sería un infierno).

(=) 1 *«Detrás de mi ventana»*, **Yuri**

(▶) 2 *«Mío»*, **Paulina Rubio**

(▶) 3 *«Es ella más que yo»*, **Yuri**

(▶) 4 *«Si me dejas ahora»*, **José José**

(▶) 5 *«Mientes tan bien»*, **Sin Bandera** (los sufriditos)

(▶) 6 *«Lo siento mi amor»*, **Lupita D'Alessio**

(▶) 7 *«Con los ojos cerrados»*, **Gloria Trevi**

(▶) 8 *«Yo que no vivo sin ti»*, **Luis Miguel**

(▶) 9 *«Te pertenezco»*, **Fey**

(▶) 10 *«No me digas que te vas»*, **José José**

¡No, pues con razón estamos tan mal! Vemos «el amor» como propiedad y eso no es amor, es una relación codependiente que necesita ayuda de un especialista. **#zafo**

Después de este breve break musical, volvamos a las categorías de este capítulo.

Soltera que ama ser soltera

☐ SALE CON QUIEN SE LE PEGA LA GANA.

☐ INVIERTE SU TIEMPO EN ELLA.

☐ VIVE SU SEXUALIDAD **PLENAMENTE Y CON RESPONSABILIDAD.**

☐ SABE QUE CUANDO ELLA LO DECIDA, **LLEGARÁ ALGUIEN QUE VALGA LA PENA.**

☐ HAY SOLTERAS QUE AMAN SER SOLTERAS **Y ASUMEN SU VIDA DE ESA FORMA, ¡Y SON FELICES!**

¡BRAVO! A este tipo de mujeres hay que aplaudirles. Van por la vida felices, plenas y sabiendo que una pareja es la cereza del pastel, mas no el pastel completo. No hay sentimiento más hermoso que estar contenta contigo y ser TU PROPIA PAREJA.

#ROMITIP:

Otro megaplus de ser soltera es salir con los «incorrectos». ¿A qué me refiero? A aquellas personas con las que no vas a tener una relación ni de las que te vas a enamorar, pero que sirven para tu evolución sexual o para que simplemente salgas y te diviertas.

Una decide qué clase de soltera quiere ser: la que no quiere estar sola o la que se da todo ese amor a sí misma.

CHAVAS: SER SOLTERA ¡ES CHINGÓN!

Tienes todo el tiempo para ti y es una gran oportunidad para conocerte. Dejen de andar escuchando a los demás, y si alguien se atreve a opinar acerca de su estatus, recuerden que habla más de ellos que de ustedes. No hay nada más padre que asumir lo que queremos de nuestra vida y decidir su dirección al tomarla por las riendas.

Además, una debe aprender a estar sola para después estar con alguien. ¿Cómo vas a conocerte si has estado de relación en relación todo el tiempo?

¿QUÉ HAY DE LAS CASADAS/ REJUNTADAS/EN PAREJA?

Shakira lo dice en su canción «Pies descalzos»: «*Las mujeres se casan siempre antes de treinta...*» (ando muy musical, *I know*) ¡Ay! Cómo extraño a Shakis profunda, ¿ustedes no? Sus canciones me llegaban al corazón y estaban llenas de sabiduría. No sé qué le pasó desde que se casó con Piqué...

En fin, el punto es que Shak (porque es mi amiga en mi mente) tiene mucha razón: la gente comienza a preocuparse si llegas a una edad y sigues sin novio y sin anillo, porque ¿qué vas a hacer de tu vida? ¿Qué hay de malo en ti? ¿POR QUÉ NADIE TE HA ESCOGIDO COMO SU ESPOSA?

Si eres de mi generación, lo veíamos en las telenovelas (creo que sigue siendo igual, ¡qué oso!): al final, después de luchar contra viento y marea, contra la villana, contra la suegra, contra la gemela malvada, contra accidentes y explosiones, las protagonistas terminaban casándose en una hermosa ceremonia con su hombre de ensueño. También, en las películas de Disney de antes, las princesas apenas y conocían a los chavos guapos y ahí iban, a dejar todo por casarse. Como la Sirenita, que renuncia a sus amigos, a su familia y A SU VOZ por estar con Eric, que lo que sea de cada quien, sí está guapo y tiene un perro padre, pero ¡ni has hablado con él y ya te pusiste el vestido blanco! ¡Todo mal, Ariel!

Nos inculcan la idea de que la meta como mujer es conocer a la persona que te va a cuidar y amar por el resto de tu vida. Por eso llama mucho la atención una mujer que no sueña con casarse. **Como yo.**

Cuando casarte no está en tus planes

Quiero aclarar, queridas compañeras, que no soy una *hater* del matrimonio, solo que para mí el compromiso va más allá de un papel. Obvio, cuando le dije eso a mi papá a mis 25 años, dio el grito en el cielo y sacó el comentario Baby Boomer por excelencia: «Los chavos de hoy ya no quieren compromiso». Y les juro que no es cierto, claro que soy una mujer comprometida, pero para mí el compromiso no se da con un anillo ni firmando un papel. El compromiso es lo que tú y la otra persona acuerdan, y cada relación funciona de modo distinto.

Lo chingón es que existimos varias mujeres para las que nuestra realización va más allá de una boda. Algunas quieren seguir estudiando, enfocarse en el trabajo, irse a vivir a otro país, ser mamás solteras o viajar por el mundo. ¡Cada quien decide para dónde irse! Toma harto valor pensar distinto. Yo he sido juzgada en varias ocasiones, con el comentario: «Es que si no te casas, a los hombres les terminas dando igual y no existe un compromiso real». ¿Y quién escribió eso? ¿Acaso está grabado en la roca sagrada de las relaciones y TODOS los hombres son iguales? ¡Por supuesto que no! Y si llegara a toparme con un hombre que piensa así, entonces no es para mí, y *thank you, next!*

LA GENTE SIEMPRE VA A TENER UNA OPINIÓN, HAGAS LO QUE HAGAS. QUE NO TE ANGUSTIE PENSAR DISTINTO.

Si tú no quieres casarte, nadie tiene por qué madres hacerte *coco wash* de que ese es el siguiente paso, porque si terminas haciendo algo que no querías... ¿Qué crees que pasará? Exacto... vas a pasarla fatal.

En una relación

Leí un libro que me cambió la vida: se llama *Not Your Mother's Rules: The New Secrets for Dating* de Sherrie Schneider y Ellen Fein. Es un libro que escribieron estas dos señoras conservadoras acerca de las reglas del *dating*. Mi amiga Hildelisa Beltrán, creadora del sitio Beauty Junkies, fue la que me dijo que lo leyera porque yo ya estaba harta de salir en citas y que no me volvieran a hablar. «Es que la estás regando, comadre; después de leer este libro, conocí a mi novio».

Lo comencé a leer más por curiosidad que por querer tener novio, pero empecé a aplicar las reglas y, para mi sorpresa, me cambió la perspectiva sobre cómo debemos comportarnos las mujeres con los hombres (habla de relaciones heterosexuales). Prácticamente, en el libro te dicen: «Felicidades por ser una intensa en tu trabajo y por no esperar a que te den las oportunidades, pero con un hombre es distinto: él tiene que conquistarte».

Y a mí, con lo #mujerindependienteliberal que soy, obvio me sacó de onda porque yo era la que a veces buscaba a los muchachos, la que los invitaba a salir, etc., pues me gusta tener el control. Sin embargo, el libro me hizo clic y me quitó la ansiedad.

ENTENDÍ QUE, SI UN CHAVAL QUIERE CONTIGO, VA A HACER HASTA LO IMPOSIBLE POR INVITARTE A SALIR.

Para no hacerles el cuento largo, a los dos meses de terminar *Not Your Mother's Rules* me presentaron a Juan. No les voy a contar tooooda la historia con él porque este libro no se trata de mi relación de pareja, pero sí les voy a decir que es la primera vez que estoy con alguien que me hace crecer y ser mejor persona, que saca lo más chingón de mí, que me escucha y me apapacha cuando estoy triste. Con él puedo discutir sin pelear, reírme desde que me levanto, y estar tranquila de que comparto mi vida con alguien que respeta mi individualidad. ¿Qué es esto? Que no está encima de mí, que no quiere acaparar toda mi atención ni arma drama porque él no es el centro de mi universo. Jamás creí tener una pareja con la que pudiera contar incondicionalmente, con la que pudiera llorar y no sentirme juzgada, con la que no me diera pena mostrarme tal cual soy.

POR FIN ENTENDÍ QUE «TU PAREJA ES TU ESPEJO» Y QUE EL AMOR, EL VERDADERO AMOR, NO TE CAUSA ANSIEDAD, NO TE LASTIMA, NO ES UNA MONTAÑA RUSA DE EMOCIONES, NI SON CELOS, CHANTAJES, CONTROL NI UN JUEGO DE «SI ME HACES ESTO, YO TE VOY A HACER ESTO OTRO».

Mi relación no es perfecta y está lejos de serlo, pero decidimos dar lo mejor que podamos todos los días, y respetamos cuando la otra persona necesita su espacio o no está en su 100; en vez de enojarte porque no te está dando lo que tú quieres, debes ponerte de su lado. Al final, se trata de poner a la relación primero, antes de cualquier interés propio. Como dice Renata Roa, autora de *Está en ti* y mi hermana del alma: «¿Quieres tener la razón o ser feliz?».

Encontré a mi persona cuando yo me encontré, cuando decidí compartir mi vida y no acaparar al otro. Entendí que «todos los días son un encuentro y una despedida», como dice mi amigo Jaime Kohen. Nadie te asegura que vas a estar meses o años junto a esa persona, así que a dar lo mejor que tengas, a dejar de ser egoísta y a divertirse en pareja.

He pasado por muchas relaciones que me hicieron aprender qué quería y qué no, y al final, como dicen en la película *Las ventajas de ser invisible*, con mi ídola Emma Watson: «Tenemos el amor que creemos merecer».

No es estar por estar. No se trata de llenar un hueco. No va a llegar la persona que creaste en tu cabeza. No será puro amor y flores. Habrá momentos en que quieras salir corriendo, en que quieras controlar o armarla de pedo. Y al final, una pone en la balanza qué pesa más, y ahí, mis niñas, hay que ser inteligentes hasta para enamorarse. Para mí, Juan es mi mejor decisión.

Más vale mal marido que no marido

Estas chavas se compraron tanto la idea de que *una se casa para toda la vida* que les da igual si todos los días amanecen pensando que estarían mejor sin sus esposos; ahí se quedan. Y pasan los años y la vida. Escucharon tanto a los demás que terminan convenciéndose de que así son las relaciones y, pues, una aguanta. Escuchen nada más las canciones noventeras como «Detrás de mi ventana» de Yuri...

SOLEDAD NO ES ESTAR SOLA, ES ESTAR CON ALGUIEN A QUIEN YA NO AMAS. ESA ES LA MAYOR SOLEDAD QUE ALGUIEN PUEDE EXPERIMENTAR.

Si no te atreves a terminar una relación por el qué dirán, porque a tus papás les va a dar un infarto, porque tus hijos se van a poner tristes, solo quiero recordarte que es TU vida y que ninguna de las personas que te dice que te quedes ahí sabe lo que vives todos los días.

No se trata de estar con una persona solo porque sí y porque se prometieron amor eterno frente a cientos de personas.

El amor se va transformando y a veces se acaba, y sí, es triste, pero ya no hay ni para dónde darle. Es parte de la vida y de las relaciones que, con el tiempo, evolucionan. ¿Por qué estigmatizamos la palabra divorcio? ¿Por qué es una palabra asociada con fracaso? Como lo mencioné antes, a veces la relación no creció y es necesaria la separación. Y no es un fracaso, es un aprendizaje. Es tomarlo —como todas las experiencias en nuestra vida— como parte de nuestra evolución.

Un divorcio podrá parecer el fin del mundo porque cargamos con las expectativas que teníamos de ese matrimonio y del «te prometo amarte para toda la vida», pero no vas a mentirte ni mentirle al otro cuando ya no eres feliz en la relación que compartían.

AHORA, SI TODAVÍA NO TE CASAS Y LA ESTÁS DUDANDO, POR FAVOR, ¡NO TE CASES!

Es mucho más valiente decir que cambiaste de opinión que casarte por las razones equivocadas (necesidad, dinero, comodidad, lo que sea). No es por echarte la sal, pero la vida te cobra estas decisiones como si fueran las joyas de la reina Isabel de Inglaterra. Y, honestamente, no vale la pena cuando puedes ahorrarte todo ese rollo.

Casada y realista

Si algún día llego a casarme, ese sería el título de mi libro, ¡ja! Tengo muchas amigas casadas que son felices con sus esposos, que no venden sus relaciones como perfectas ni ven a sus parejas como su propiedad. Al contrario, tienen una vida bastante equilibrada, se divierten y se respetan mutuamente. Entienden que una pareja funciona cuando los dos están trabajando y creciendo cada uno por su lado, pero comparten su vida.

AL FINAL, ESTAR CASADA CON ALGUIEN ES MUCHO MÁS QUE FIRMAR UN PAPEL Y TENER UN COMPROMISO, ES QUERER ESTAR CON LA OTRA PERSONA Y DECIDIR DAR LO MEJOR QUE TÚ TENGAS ESE DÍA Y EL QUE SIGUE, Y QUE LA OTRA PERSONA DECIDA LO MISMO.

#ROMITIP:

No empieces a decir que tus amigas casadas se vuelven de hueva. Es obvio que habrá cambios porque ahora tienen marido. Si sientes que de plano se convierten en otras personas, como las obsesionadas con los productos del hogar o con cuánto se tardaron en poner la lavadora, habla con ellas, pero siempre desde un lugar de mucho cariño y respeto, no juzgándolas.

Relación toalla

Yo aquí, tú allá... *toalla*. ¡ja! Perdón, este chiste lo hace mi papá y me da mucha risa. Es cuando estás en una relación, pero cada quien vive en su casa. A muchas personas las saca de onda porque si estás con alguien, ¿por qué no viven juntos? Pero hay personas como yo que aman su espacio, y esto no significa que no ames a la otra persona, simplemente cada uno vive en donde quiere vivir, ¡y ya! Como Frida Kahlo y Diego Rivera.

Cada quien sus cubas

Ok, cambié el tema. Aquí no hablo de relaciones de pareja, sino del secreto de las buenas relaciones entre amigas: **respetar la decisión de vida de la otra**. Que si quieres casarte y tener tres hijos, ¡bravo! Que si quieres andar de calzón relajado porque andas soltera y sin compromiso, ¡bravo!

CADA QUIEN ES DIFERENTE Y ESTÁ BIEN QUE CADA UNA DECIDA LO QUE LA HACE FELIZ.

Lo que menos necesitas es a la amiga que te critica por la forma en la que vives tu vida. ¿Saben qué significa eso? ¡Exceso de tiempo libre! Y si alguien está preocupado por ti porque estás soltera, dile que todo bien, que te diviertes muchísimo sola.

Hay que recordar que la gente no está acostumbrada a que una mujer se haga responsable de su vida y se salga de *lo que se supone que debe ser*. Que no te cause angustia ser la única soltera o la única casada de tu grupito de amigas. Cada una tiene su camino y no hay que compararse. A cada quien le llegará su tiempo y su momento. Hay mil cosas adicionales de las cuales preocuparse más allá del estatus sentimental.

Como diría mi tía Flori: «Hay de todo en la viña del señor». Y ya cambiaron los tiempos, las mujeres nos realizamos cuando nosotras lo decidimos, seamos solteras o casadas.

CAPÍTULO 7

Mis caderas y mi cuerpo no mienten

Cuando era adolescente, me causaba una inseguridad tremenda no tener boobs, chichis, melones, duraznos, bubis, senos o como les quieran llamar. Era plana como una tabla, y como yo me creía la muy grande y lo que me interesaba era que me dejaran pasar al antro, estaba traumada de ser muy flaca y medir 1.59 m. Mi mamá me consolaba diciéndome: «Más vale chiquita y con personalidad», pero no ayudaba mucho. En mi cumpleaños número 15, hice a mi papá prometerme que, si para cuando cumpliera 18 años no tenía chichis, me regalaría una operación. Por fortuna, años después embarnecí y ya no necesité una visita al cirujano.

A los 20 años, cuando me mudé a Nueva York, subí notablemente de peso y el cuerpo me cambió. Me desarrollé para todos lados. Y entre que consumía comida chatarra, bebía vodka con jugo de arándano con singular alegría y me desvelaba cuatro días a la semana, me explotó la paloma, como comúnmente dicen. Subir de peso afectó mi autoestima: antes comía sin preocuparme, pero cuando tienes que cambiar tus jeans por una talla más grande, te ves al espejo y te sientes una vaca, empiezas a comer con culpa.

Comía con ansiedad y después me sentía fatal por no haber ordenado algo más saludable. No sabía qué hacer. No controlaba mi forma de comer ni de beber, y a pesar de que pagaba una membresía en el gimnasio, nunca me aparecía por ahí. Durante esa época viví en medio del caos, me rodeaba de personas tóxicas, no tomaba en serio mi carrera de actriz, me quejaba por todo y no hacía nada para arreglarlo. La angustia y la ansiedad me invadían, pero no tenía idea de cómo salir de esa situación.

Comencé a hacer comerciales cuando regresé a México y no encontraba trabajo de actriz. Al principio le dije a mi agencia que yo no hacía nada en traje de baño, pero para tener más trabajo, terminé diciendo que sí, aunque me moría de pena cada que me paraba frente a la cámara y me pedían perfiles y darme la vuelta. Nunca tuve una mala experiencia con ningún director de *casting*, pero al estar en la sala esperando a que me llamaran, veía a las otras modelos y me sentía menos. La mayoría eran extranjeras, altas y con cuerpazo. Úrsula aprovechaba esta situación para joderme con que yo no iba a quedar y que todas las damitas presentes eran más guapas que yo.

En ese tiempo, jamás me detuve a verme y a apreciar lo que yo sí tenía. Todo lo que veía era hacia afuera. Me sentía frustrada al no saber por dónde empezar a hacer el cambio. Logré ir a Bikram Yoga (ese yoga en el que estás a 40 grados sudando como si acabaras de hacer maratón en Mérida) por recomendación de mi amiga Jimena, pero no era una actividad que disfrutara. Los maestros, en vez de comportarse como seres de luz tipo yoguis, nos gritaban y nos decían que el calor estaba en nuestra mente. Un horror. Otra de mis amigas me recomendó a una nutrióloga que solo me dejaba comer lechuga, pechugas de pollo asadas y productos *light*. Odié la dieta porque me limitaba las opciones de comida y la comida es el amor de mi vida. Lo más frustrante es que, a pesar de que seguía la dieta e iba a Bikram a sudar (y a ver a gente desmayarse —es en serio—), no veía cambios y eso me desanimaba.

¿CÓMO LOGRAR UN CAMBIO REAL?

Llevaba dos años en terapia y sentía que estaba atorada en la parte física, así que decidí que antes de año nuevo, iba a buscar a alguien que me enseñara a comer bien. Por comer bien no me refería a una dieta, sino a aprender a comer de forma saludable, y entonces acudí con Claudia Zaragoza,* mejor conocida como *health coach* Clau (les dije que la iba a volver a mencionar), que colaboraba en *Púrpura*, mi primera página web. Así que hice cita con ella para ver qué pasaba.

No sé qué pedo conmigo que nada más siento confianza y me suelto a contar mi vida entera. Con Clau me pasó. Me preguntó por qué buscaba cambiar mis hábitos y le conté que por varios años me

---

* Claudia Zaragoza es *health coach* certificada por el Instituto Integrativo de Nutrición en Nueva York.

había sentido gorda, que sabía que necesitaba hacer ejercicio, no solo para bajar de peso, sino por salud, y que tenía una mala relación con la comida porque después me sentía culpable. También le conté de mi odio hacia mis caderas, mi celulitis en las piernas y en la panza y que me chocaban mis lonjas. «No puedo ir a hacer ejercicio porque me da pena ponerme *leggings*. Me da pena mi cuerpo», le confesé. Clau me escuchó y me dijo que dar el primer paso era lo más valiente, y así empecé mi plan de seis meses con ella.

Comencé por eliminar los alimentos *light* o los que tenían ingredientes que no podía pronunciar al leer la etiqueta. Aunque lo ideal sería comer todo orgánico, vivir en México, donde si vas al mercado todo es fresco, lo hace más fácil y rico. Mi amor por la comida también me hizo aprender a cocinar de modo saludable y descubrí que, para la mayoría de las recetas, siempre hay una opción *healthy*. Como no tenía limitaciones ni prohibiciones sobre qué comer (como en mis dietas pasadas), a la hora de pedir en un restaurante me cuestionaba: «¿Esto me nutre?». Y ahí tenía la respuesta.

Ahora, en las mañanas me preparo un *smoothie* o un licuado con diferentes frutas o verduras y siempre incluyo espinacas, kale, albahaca o cualquier ingrediente verde. ¡Soy fan de los desayunos! Muy rara vez consumo carne roja porque mi cuerpo tarda en digerirla, disfruto más un pescado blanco o un salmón. Mi debilidad son los postres. ¡No puedo con los helados y los disfruto enormemente! Y aunque sí como proteína animal, podría ser vegetariana sin problemas por mi amor a las legumbres, a las frutas y a las verduras.

¡COMER SALUDABLE ES DELICIOSO! ¡ME CAMBIÓ LA VIDA! APRENDÍ A ESCUCHAR A MI CUERPO Y A REGALARLE ALIMENTOS QUE ME DIERAN ENERGÍA.

Somos lo que comemos (aunque suene a frase de tu *influencer* vegana favorita), y desde que comencé a comer bien, la piel me brilla, no me salen tantos granitos, pienso mejor y es muy raro que me enferme. Piénsalo así: comer saludable sale mucho más barato que ir al doctor.

La buena alimentación hace milagros, y yo lo viví con mi mamá, que después de haber tenido cáncer, fue con un ingeniero en alimentos que le hizo llevar una dieta vegana sin gluten, harinas ni azúcares, y les prometo que no sufrió tanto las quimioterapias ¡y los ganglios se calcificaron! (Lo cual significa que el riesgo de convertirse en cáncer había pasado). ¡Soy fiel creyente de que los alimentos tienen la cura de todo!

En cuanto al ejercicio, comencé a ser realista. Probé diferentes clases dentro del gimnasio para ver cuál era la que más disfrutaba. Fui a comprarme *outfits* que me gustaran (suena superficial, pero no lo es porque en realidad te motiva) y Clau me aconsejó dejar preparada la ropa una noche antes para así mentalizarme de que al día siguiente me iba a parar a ejercitarme. ¡Sí funciona! Ponía mi alarma y no había vuelta atrás; aunque fuera con toda la hueva del mundo, a las 7 u 8 a. m. ya estaba en pilates o *spinning*. Poco a poco fui superando mis traumas de ponerme *leggings* al darme cuenta de que las personas que van al gimnasio están concentradas en ellas y a mí ni quién me haga caso, ¡ja!

PARA EMPEZAR A HACER UN CAMBIO DE VIDA SERIO EN CUANTO A LA COMIDA Y EL EJERCICIO ES NECESARIO PONERSE METAS REALES.

Si no has hecho ejercicio en tu vida, ¿por qué quieres empezar a correr 15 kilómetros diarios? O si la comida es tu amor número uno (como pasa conmigo), ¿por qué te la vas a prohibir? El problema es que queremos ver los cambios en un mes, y al desesperarnos, volvemos a la hueva y a la comida que nos hace daño o a prometernos cosas que sabemos que no vamos a cumplir, como dejar de tomar en seis meses. (Que quede claro que yo no voy a dejar de tomar nunca. No soy ninguna borracha, pero disfruto enormemente unos tequilas fríos y una cervecita helada de vez en cuando).

HAY QUE ESTAR MENTALMENTE PREPARADAS PARA HACER EL CAMBIO. SI NADA MÁS LO PIENSAS, PERO NO LO SIENTES, ES PROBABLE QUE RECAIGAS. TAMBIÉN HAY QUE SER PACIENTES, AMOROSAS Y FLEXIBLES.

Hay veces en las que estoy cansada porque me desvelé el día anterior y no pasa nada si por un día no voy a hacer ejercicio. Lo que sí, es que no hay que apapacharse de más. Cuando encuentras felicidad y gozo en las actividades físicas, todo cambia. Por ejemplo, mis clases de baile son mi top del día porque, además del esfuerzo físico, la música alegra mi corazón.

Debemos aprender a escuchar a nuestro cuerpo, a realmente estar conectadas. ¿Por qué lo ignoramos cuando tiene hambre o sueño? El cuerpo agradece cuando lo cuidas y lo nutres todos los días. Y por nutrir (ya lo mencioné antes) me refiero a darle puras cosas positivas, incluyendo amigos, pareja, trabajo que te sumen.

Cada cuerpo funciona de modo distinto y las dos horas de *crossfit* acompañadas de la dieta de rábanos con tres gotas de maracuyá que hace tu amiga Susi, la de Recursos Humanos, tal vez no te funcionen a ti. Y se vale.

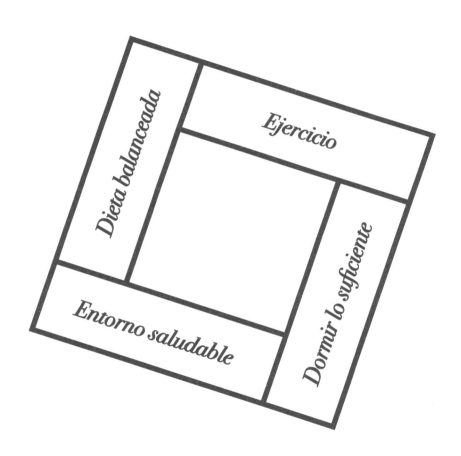

Sé que dar el salto es difícil, pero aquí te comparto algunas de las cosas que a mí me funcionan:

☐ **TENER UNA DIETA BALANCEADA, NUTRITIVA Y CONSUMIR COMIDA REAL.** Que 90% de tu semana sea lo más limpia posible. ¿A qué me refiero? Libre de químicos, conservadores, enlatados, productos light y azúcar refinada. La comida es 80% del esfuerzo que se requiere para empezar a ver resultados. Que no te gane la hueva y prepara tu comida. OJO: También se vale tener antojitos de vez en cuando y disfrutarlos.

☐ **EJERCICIO AL MENOS CUATRO VECES A LA SEMANA.** Aquí viene la parte *tricky* porque debes darte cuenta de lo que le hace bien a tu cuerpo y no guiarte por modas o por que a tu amiga le funciona. Busca rutinas o clases que te diviertan. Estar en movimiento también te hace descansar mejor, liberar estrés y ansiedad.

☐ **DORMIR AL MENOS 8 HORAS.** Yo dejo mi celular fuera del cuarto en modo avión, hago una leve meditación antes de dormir donde agradezco mi día y uso aromaterapia. Realmente descansar también me ayudó a bajar de peso. No dormir es causa de estrés.

☐ **REALIZARTE UN EXAMEN DE INTOLERANCIAS ALIMENTICIAS.** Puedes hacerlo en un laboratorio, aunque sugiero que también lo comentes con tu médico de cabecera. Es importante darte cuenta de qué alimentos te inflaman e irritan para evitar consumirlos.

☐ **LAS RELACIONES TÓXICAS TAMBIÉN SE VEN RE-FLEJADAS EN EL CUERPO.** Si estás en una relación que te estresa, probablemente te cueste trabajo bajar de peso, o puede pasar lo contrario, que te chupe el cuerpo. Busca rodearte de un entorno saludable.

#ROMITIP:

Escucha a tu cuerpo. Comer saludable y hacer ejercicio es un estilo de vida, no es una manera de encontrar una recompensa inmediata. Por eso no creo en las dietas, ya que si no creas hábitos, es muy probable que rebotes, y no es culpa de la nutrióloga, de la *health coach* ni de los jugos de apio; eres tú quien no está convencida de transformar tu vida.

¿Por qué nos comparamos con las demás?

Por fin te reúnes con tus amigas de la universidad y deciden ir a desayunar. Rebe, que es un palo y no mueve un dedo, pide unos chilaquiles con pollo y un huevo estrellado encima, un jugo de naranja y un latte. Tamara, un bowl *de matcha con frutas y un té de manzanilla porque se está cuidando, y tú, que siempre tienes hambre (eres de las mías), estás pensando en pedir unos molletes, pero ya te entró la culpa porque ya casi se casa tu prima, hija de la tía Flori, y tienes miedo de no entrar en el vestido. Así que pides un plato de papaya con piña y un jugo verde de esos que saben a madres porque el nopal, el apio y la espinaca juntas y espesas son un infierno al paladar.*

Cuando les traen la comida a todas, Úrsula llega sin avisar (como siempre) y empieza: «Ve a Rebe, su desayuno se ve delicioso, pero si tú comes de esa forma, vas a parecer piñata en la boda de tu prima. Hubieras pedido el bowl *de matcha, pero a ti ni te gusta lo saludable: digo, desayunas torta de chilaquiles al menos dos días a la semana. Por eso no bajas la panza, reinita. Yo namás digo, la gente va a empezar a creer que estás embarazada, ¡ya bájale a la tragadera! Bueno, ¡ese jugo verde se ve delicioso! JA, JA, JA, ¡ah!, ¿verdad? ¡No es cierto! ¡Está tibio y espeso!».*

Y en menos de lo que te das cuenta, comienzas:

Nunca voy a bajar de peso.

Nunca voy a ser así de flaca como Rebe.

¿Por qué me cuesta trabajo comer saludable?
Le voy a pedir *tips* a Tamara.

A partir del lunes me vuelvo vegana.

Voy a buscar en Google: cómo dejar de comer.

¿Qué es la matcha?

Debería hacer un detox de jugos.

Voy a seguir puras cuentas de #damitasfit en
Instagram a ver si algo se me pega.

Siempre voy a ser la gordita del grupo.

¿Para qué nací?

Ya sé que ha sido uno de los temas recurrentes de este libro, pero la comparación con las demás te va a llenar de angustia y frustración. Como ya lo mencioné, cada cuerpo es distinto y funciona diferente. La realidad es que siempre habrá alguien más o menos que tú en todo. Más flaca, más alta, más caderona, más lo que sea. Pero solo nos dieron un cuerpo y una cara, y nosotras decidimos qué hacemos con ello: si nos la vivimos siendo nuestras peores enemigas o le sacamos el mayor provecho a lo que tenemos. Sí, el ejercicio puede ayudarte a tonificar y a transformar tu cuerpo, pero en mi caso, por más que vaya dos horas diarias, jamás voy a parecer modelo de Victoria's Secret ¡y ni pedo!

Lo que me ha servido muchísimo es ser más honesta conmigo. OJO, dije honesta, no culera. Y cuando empiezo a sentirme insegura hago la siguiente lista:

¿QUÉ ME GUSTA DE MI CARA?
_____

¿QUÉ ME GUSTA DE MI CUERPO?
_____

¿QUÉ ME CAUSA INSEGURIDAD DE MI CARA?
_____

¿QUÉ ME CAUSA INSEGURIDAD DE MI CUERPO?
_____

¿QUÉ PUEDO HACER PARA TRABAJAR EN MIS INSEGURIDADES?
_____

OK. AHORA LAS VOY A RESPONDER YO:

¿QUÉ ME GUSTA DE MI CARA?

Mi nariz, mi lunar, mis labios. En general, me gusta mi cara, ¡hasta mis patas de gallo!

¿QUÉ ME GUSTA DE MI CUERPO?

Mis piernas, mis boobs, mi cuello, mis pompas.

¿QUÉ ME CAUSA INSEGURIDAD DE MI CARA?

Las bolsas debajo de los ojos, a veces mis dientes, mi papada.

¿QUÉ ME CAUSA INSEGURIDAD DE MI CUERPO?

La celulitis, que subo y bajo de peso de pronto, mis manos y mis dedos gorditos.

¿QUÉ PUEDO HACER PARA TRABAJAR EN MIS INSEGURIDADES?

Comer bien, hacer ejercicio, usar una crema para desinflamar los ojos y tal vez ir a que me inyecten la papada para que se me quite. No juzgo los arreglitos con un médico esteticista o un cirujano plástico siempre y cuando se vea natural. Pero esa es una opinión propia.

Hablemos del exterior...

Mido 1.59 m, tengo caderas, pompas y piernas cortas, he aprendido a vestirme de acuerdo con mis proporciones y a identificar qué le va mejor a mi cuerpo. Así, en vez de pelearme con lo que tengo, saco a relucir lo que más me gusta. Un libro que me encanta y que te da esas herramientas es *La guía de la imagen imperfecta* de Bibi Nassar, consultora de imagen. En esas páginas y desde su experiencia, Bibi nos conduce a echarnos un clavado para conocernos más a fondo, qué tipo de cara y cuerpo tenemos, qué colores nos favorecen, cuál es nuestro estilo, etc. Si bien, no puedes basar tu vida únicamente en cómo te ves por fuera, en mi caso, saber qué ropa usar, peinarme y ponerme un poquito de *makeup* me da seguridad y me hace sentir guapa. Al final, es una decisión de cada quien si quiere prestarle atención a su imagen o no.

La guía de la imagen imperfecta me ayudó a entender cómo debo vestir si voy a dar una plática con un público más formal o si voy a una junta casual. ¡Esas herramientas de imagen suman y lo que queremos es crecer en todos los aspectos de nuestra vida! Y la verdad, sí proyecto seguridad cuando elijo adecuadamente qué me pongo.

QUERERTE POR FUERA NO SIGNIFICA QUE SEAS UNA PERSONA SUPERFICIAL NI MATERIALISTA, Y QUE TE GUSTEN LAS BOLSAS O USAR *LIPSTICK* DE UN TONO CORAL NO TE RESTA NEURONAS.

Esa idea de que o eres guapa o eres inteligente, pero las dos cosas juntas no son posibles, es una tontería. Las mujeres podemos ser todo lo que queramos y una cosa no está peleada con la otra. Si eres de las que no tienen ningún interés por el maquillaje ni la ropa, también es válido. ¡Que cada quien haga lo que la haga sentir bien y ya!

Yo soy una intensa del cuidado de la piel, me unto hasta ocho productos en la mañana y uso muy poco maquillaje, pero eso es lo que me funciona a mí y lo disfruto, y no por hacer tutoriales de *skincare* y *makeup* dejan de invitarme a hablar sobre emprendimiento en foros de mujeres. No baso mi éxito profesional ni mi felicidad en la ropa que visto, pero peinarme y verme guapa (para mí) no me resta inteligencia; y sí, cuando estoy bien peinada, me siento más segura. A veces tememos salirnos de lo que en nuestra mente nos queda bien por el qué dirán. «¡Uy! Ve a Romina, ¿quién se cree saliendo con esos shorts y esas sombras moradas? ¡Qué bárbara!». ¿Qué importa? Si quieres experimentar un nuevo *makeup* y al final sientes que no te queda bien, ¡te desmaquillas y ya! Que no te frene la opinión de los demás para ponerte lo que se te pegue la gana.

Lo he dicho mil veces, pero lo vuelvo a repetir: la vida es para disfrutarla, para reír y para no tomarla tan en serio. La gente siempre va a opinar qué te queda mejor o no, ¡da igual! Tú sé fiel a tu estilo, a lo que te gusta y que te valga madre. Eso último lo dice mi mamá.

MI CUERPO ES MÍO Y YO DECIDO QUÉ HAGO CON ÉL

El primer tatuaje que me hice fue a los 19 años. Es una estrella en tinta blanca en la espinilla de mi pierna izquierda y mi papá me acompañó a revisar el lugar para asegurarse de que fuera seguro y limpio. El segundo fue en la muñeca derecha junto con mi amiga Sasa Seligman y dice «amistad» en un alfabeto que ella inventó. Poco a poco me fui haciendo más tatuajes; antes me los ponía en lugares que no fueran muy visibles y que fueran fáciles de tapar, porque ¿quién iba a contratar como actriz a una tatuada? En el momento en que me di cuenta de que podía hacer dinero no solo como actriz, empecé a rayarme (como decimos las personas tatuadas porque somos *cool* *inserte cuernitos rockeros*).

Me fascinan los tatuajes, no solo verlos, sino hacérmelos, ¡ja! Y cada que alguien me ve los brazos (tengo 16 tatuajes entre los dos brazos) se asombra y me dice: «Ya no te hagas más», «Respeta tu cuerpo» (esa es de mi papá) o «¿No te da miedo cómo se verán cuando te hagas viejita?». Sí he pensado en cómo se verá mi piel de anciana, justo por eso no me hago tatuajes que solo estén de moda o un Demonio de Tasmania tocando la batería, pero independientemente de las razones mencionadas anteriormente, me saca mucho de onda que los demás opinen sobre lo que debería o no hacerme en mi cuerpo porque pues... ¡es **mi** cuerpo!

HE APRENDIDO QUE LO DIFÍCIL Y CANSADO QUE ES DARLES GUSTO A LOS DEMÁS Y POR ESO NO BASO

MI VIDA EN LAS OPINIONES DE LOS OTROS SOBRE MI APARIENCIA.

Ya de por sí existe una presión tremenda en nuestra mente como para que los demás crean que tienen el derecho de opinar respecto a cómo nos vemos.

#ROMITIP:

No hagas lo que no quieres que te hagan. No andes de chismosa opinando lo que debería o no hacer la otra, si debería subir o bajar de peso, si le queda mejor el pelo platinado o rojo llamas encendidas. Si no tienes algo bueno que decirle a la otra persona, por favor, omite tu comentario.

Por más que venga desde un lado bien intencionado, no sabes de qué manera le puede afectar a quien lo está recibiendo. No sabes qué tipo de inseguridades tenga. Recuerda: HAY QUE SER CUIDADOSAS CON NUESTRAS PALABRAS, porque una vez dichas, ya no pueden regresar. Si tu amiga o compañera de cubículo te pide tu opinión, desde un lugar de mucho amor, puedes decirle lo que piensas con honestidad, pero siendo considerada. La vida de la de enfrente es SU VIDA y cada quien tiene la suya.

ENFÓCATE EN TI, EN LO QUE TÚ QUIERES Y EN LO QUE TÚ ERES. QUIÉRETE CHINGOS Y RESPÉTATE. RESPETAR TU CUERPO ES DARLE LO MEJOR, ES HACERLE CASO, ES CUIDARLO Y AMARLO.

Mi día a día

- ☑ ME LEVANTO **ANTES DE LAS 8 A. M.**

- ☑ MEDITO, **AUNQUE SEAN 5 MIN.**

- ☑ HAGO EJERCICIO.

- ☑ SACO A PASEAR A MIS PERROS.

- ☑ ELIJO QUÉ ME VOY A PONER **PORQUE SI SALGO DE BAÑARME Y NO SÉ QUÉ VESTIR, ME TARDO AÑOS.**

- ☑ ME METO A BAÑAR. ME LAVO EL PELO CADA 2 O 3 DÍAS. ESTO ES IMPORTANTE PORQUE EL PELO SE DAÑA SI LO LAVAS DEMASIADO. USA UN *SHAMPOO* EN SECO Y TE VA A CAMBIAR LA VIDA.

- ☑ TENGO UNA RUTINA DE BELLEZA INTENSA, PERO HE VISTO RESULTADOS. ME LAVO LA CARA (EN LA REGADERA), Y DESPUÉS APLICO TÓNICO, LOCIÓN, SUERO, HIDRATANTE, CREMA PARA CONTORNO DE OJOS Y BLOQUEADOR SOLAR.

☑ NO PUEDO VIVIR SIN CREMA CORPORAL.

☑ DESAYUNO. EL GRADO DE DIFICULTAD DEPENDE DE CUÁNTO TIEMPO TENGA, PERO GENERALMENTE TOMO UN *SMOOTHIE* O UN LICUADO, SIEMPRE INCLUYO VERDES, UNA AVENA CON FRUTA O UN PAN INTEGRAL CON AGUACATE, UN HUEVO ESTRELLADO O A LA MEXICANA (CUANDO HAY TIEMPO), AMARANTO CON LECHE DE COCO Y FRUTAS. MI NOVIO PREPARA EL MEJOR CAFÉ DEL MUNDO, LO PROMETO.

☑ VOY A MI OFICINA O A JUNTAS. GENERALMENTE ME MAQUILLO EN EL COCHE EN 5 MIN.

☑ COMO ANTES DE LAS 3 P. M. PORQUE SI NO MUERO DE HAMBRE. SI ME DA CHANCE, ME ECHO UN SNACK; SOY FAN DE LAS JÍCAMAS O LAS ZANAHORIAS CON CHILE Y LIMÓN.

☑ TRABAJO HASTA LAS 7 P. M. SI ES QUE NO TENGO ALGÚN EVENTO DE TRABAJO.

☑ REGRESO A MI CASA, SACO A PASEAR A MIS PERROS, LOS ABRAZO Y LES DIGO QUE LOS AMO.

☑ **CENO LIGERO, SOPA DE VERDURAS O UN *BOWL* DE QUINOA Y ARROZ INTEGRAL CON VERDURAS.**

☑ **ME DUERMO MÁXIMO 10:30 P. M. MI CELULAR LO DEJO AFUERA DE MI CUARTO EN MODO AVIÓN.**

Esa rutina sería la ideal, claro que todos los días cambia por mi trabajo y hay que ser flexibles, pero si algo tengo clarísimo es que mi salud y mi bienestar están por encima de todo lo demás, por lo que cuido mi alimentación y respeto mis horas de sueño.

¿A TI QUÉ TE FUNCIONA? MÁS ALLÁ DE CUMPLIR, SE TRATA DE CREAR HÁBITOS QUE TE MOTIVEN Y EMPUJEN A TENER ENERGÍA Y A ESTAR MÁS FELIZ EN LA ESCUELA O EN EL TRABAJO.

Recuerda que lo que le funciona a una no necesariamente te va a funcionar, porque cada cuerpo tiene necesidades diferentes. Eso sí, rodearte de personas que están en un camino saludable (comer bien, hacer ejercicio, estar en paz) ayuda a que sea más fácil.

La constancia es la clave del éxito, y te prometo que sí se puede, solo que hay que comprometerse con una misma. A mí me sirvió muchísimo plasmar mi rutina ideal en papel. Te dejo este regalito para que pruebes hacer lo mismo:

Tu día a día ideal

	Hora	Actividad
☐		
☐		
☐		
☐		
☐		
☐		
☐		
☐		
☐		
☐		

	Hora	Actividad
☐		
☐		
☐		
☐		
☐		
☐		
☐		
☐		
☐		
☐		
☐		

CAPÍTULO 8

Sexo no es una palabra sucia

Cuando entré en la adolescencia, me empezó a gustar F, mi vecino. Yo tenía 13 años y él 16, pero eso no impedía que nos viéramos secretamente en el jardín de mi privada y que yo sintiera que ese amor por él fuera casi casi prohibido, hasta cantaba «Amor prohibido» de Selena y cambiaba «sociedades» por «edades». Mi amiga Jimena, que desde muy chiquita fue curiosilla (precoz), me contó en el recreo de su primer beso con Richie, el vecino, y a mí me dio una curiosidad tremenda saber de qué se trataba eso de darle besos a alguien. Fantaseaba con que mi primer beso fuera con mi gran amor F, dueño de mis sueños, de mis pensamientos y de los espacios vacíos (garabateados con su nombre) en mi agenda escolar de 1998.

El gran día llegó. Me di mi primer beso con F y fue de lo más raro. No fue culpa suya, sino que yo pensé que sería como en las películas donde se toman la cara y coordinan perfecto, pero en realidad no tenía ni idea de lo que hacía.

IGUAL FUE... ¿TIERNO? ¿ROMÁNTICO? ¿CURSI? NO SÉ, PERO AL HABER SIDO TAN PLANEADO COMO QUE SE LE FUE EL CHISTE.

Mi relación con F no prosperó. A mí me gustaban muchos niños de mi escuela y de otras también, pero me contenía. Estaba muy presente en mi mente la palabra zorra: sinónimo de loquilla, o sea, una mujer que gusta de andar buscando caricia ajena. La pura palabra me asustaba, ¿y si me hacía mala reputación? Después, ya nadie iba a querer salir conmigo en serio. Porque, claro, a los 15 años es superimportante tener una relación formal con alguien, ¿no? Por otro lado, en unas vacaciones en la playa mi mamá me contó que, antes de haber conocido a mi papá, tuvo un novio con el que duró ocho años y con el que no llegó a nada. «De los 16 a los 24 anduve con ese muchacho y solo perdí mi tiempo. Por favor, no dures mucho tiempo con alguien. Sal, conoce y diviértete. No te comprometas tanto, estás muy chiquita». Seguramente ya traía sus tequilas encima.

Crecí confundida. Mi mamá me daba consejos por un lado, y por otro, mis amigas cumplían aniversarios de 1 o 2 años con sus novios... ¡en tercero de secundaria! El problema también era que a mí me gustaban diferentes chavales, entonces tenía novio, cortaba, salía con otro y así. Y la neta, aquí entre nos, andaba con ellos porque así podía darle vuelo a la hilacha con mis besos y arrimones sin sentirme culpable ni con el riesgo de convertirme en la loquilla (o sea, la zorra) de mi grupito de amigas.

De sexo todavía no hablábamos. La hermana de una de mis mejores amigas se embarazó a los 23 años y tuvo que casarse. Me asustó tanto que dije que no iba a hacerlo hasta que, uno: estuviera muy enamorada; y dos: estuviera 100% segura de hacerlo.

TENÍA MIEDO DE PERDER MI VIRGINIDAD CON ALGUIEN CON EL QUE DESPUÉS ME ARREPINTIERA.

Quería que fuera especial y un momento inolvidable. Pensaba en lo importante que debía ser. *Hello!* ¡Es la primera vez! Soñaba con perderla en una playa desértica, rodeada de pétalos de rosa y velas. Que la luna alumbrara el mar, con un chaval que fuera igual de guapo y *cool* que Diego Luna en *Y tu mamá también* y que además muriera de amor por mí. ¡Qué hermoso! Así sí vale la pena la espera, ¿no creen, *amiguis*?

LA VIRGINIDAD, NUESTRO TESORO MÁS PRECIADO... ¡¿POR?!

No sé de dónde me saqué que eso de tener sexo en la playa era romántico porque una vez lo hice y fue de las cosas más incómodas de la existencia. A pesar de que pusimos una toalla, me hundía, no podía sacar mis brazos porque me llenaba de arena, y fue prácticamente de flojera y con nervio de que nos cacharan. No lo recomiendo.

EL TES

En fin, regresemos al tema de la virginidad, o como yo le llamo: **el tesorito**. (Escúchese un temeroso *Chan, chan, chan...* o la música de suspenso que usted prefiera).

No «La Tesorito», esa es Laura León; *el tesorito* es aquello que desde niñas nos dijeron que es «lo más valioso que tiene una mujer» y que no podemos andar regalándoselo o prestándoselo a cualquiera, ya que es algo «sumamente especial».

No coincidía. No me hacía lógica, desde puberta, que *el tesorito* de los hombres fuera MUY distinto al *tesorito* femenino: los hombres lo perdían con la primera vieja borracha que encontraban durante un *spring break* en Cancún o incluso con una prostituta. Nosotras no. Nosotras debíamos esperar a casarnos, a llegar de blanco al altar. Desde ese entonces, me cuesta entender esa doble moral que vivimos en México (y en otros lugares, la neta, por no decir que en todo el mundo) y cómo un mismo concepto aplica de modos distintos dependiendo de si eres hombre o mujer.

Pero bueno, a mis 17, estudié un año fuera de México en un internado católico de puras mujeres. Rezábamos tres veces al día, íbamos a retiros de silencio y, obvio, me metía en problemas por preguntar de más: ¿Por qué no hay Papas mujeres? ¿Por qué las consagradas (tipo monjas) no se pueden casar? ¿Por qué existen los pecados? Y ese año, al estar metida 24/7 en una casa donde

ORITO

vivía, estudiaba, comía, etc., empecé a creerme lo que me decían las Consagradas. Una de las *consas* —así les decíamos de «cariño»—, al ver que yo ya veía guapo hasta al mensajero (eso del encierro estaba cabrón), me prestó un libro que decía que cualquier deseo sexual era obra del diablo y que si pensabas bailar con alguien, debías mantener un espacio entre la otra persona y tú, porque ahí iba Jesús (qué concepto tan raro). Me lavaron el cerebro a tal grado que empecé a sentirme culpable por todo lo que había hecho en algún momento de mi (corta) vida con mis exnovios, y creía que cuando regresara debía pensar en salir con un muchacho con el que viera planes de matrimonio. Empecé a juzgar a mis amigas de prepa que me contaban desde México que ya «lo habían hecho» con sus novios. Me preocupaba porque yo las veía como perdidas y les recordaba, en cada oportunidad que tenía, que podían embarazarse (como si ellas no lo supieran). Créanlo o no, *amiguis*, esa fui yo en algún momento: Romina la Moralina.

¡Qué pedo que me lavaron la cabeza así! Digo, todo bien con pensar de esa forma, pero manipular las ideas y lo que piensan los demás me parece gravísimo. Seguro por eso me da tanto coraje hablar de mi año en esa escuela, porque a pesar de que hice muy buenas amigas (que sigo amando hasta la fecha), sembrar culpa en los demás NO está bien.

Regresé a México, me gradué de preparatoria y al entrar a estudiar actuación, se abrió mi panorama. Mis amigas y amigos actores no tenían pena de ser quienes eran; al contrario, eran bastante libres y auténticos. Por primera vez tuve amigas y amigos abiertamente gays, y el hecho de que fueran mayores que yo me ayudó a crecer y a madurar mucho.

Mi papá se asustó un poco con mi cambio porque, de ser muy fresa, empecé a vestirme más «pandra» con pantalones aguados y descocidos de abajo y tennis. Además, conocí a L ahí, que también era actor y me llevaba 5 años. Al mes de conocernos, me pidió que fuera su novia, y a los pocos meses perdí mi virginidad con él. Estuvo... no sé cómo describirlo. Raro y padre podrían ser las palabras más atinadas. Estaba muy nerviosa, feliz y enamorada. No sé por qué viví tantos años pensando que debía ser un momento épico.

SIEMPRE ME VOY A ACORDAR DE MI PRIMERA VEZ, PERO NO ES UNA EXPERIENCIA QUE ME HAYA TRANSFORMADO LA VIDA, LA NETA.

Expectativas **VS.** *realidad*
DE LA PRIMERA VEZ

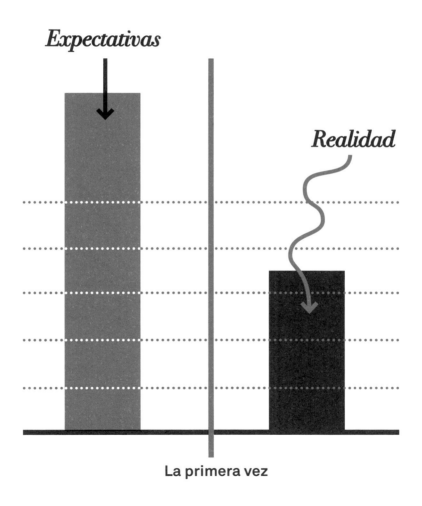

Me hubiera encantado que alguien me dijera que no era para tanto. Yo la pasé muy bien, L era un tipazo, pero no pasaba nada si escogías mal y ese alguien después resultaba ser un patán o iba de chismoso con los demás. ¡No pasa nada! No estuvo en ti. No es lo más importante ni te define como ser humano.

Digo, tampoco hay que andar de desesperadas y perderla con el primer vato que te invita una perla negra en el antro. Hay que ser selectivas y cuidarse. No vaya a ser...

Pero ahí les va la buena: lo chingón de la vida, además de los helados sin lactosa, las *happy hours* y que las mujeres no paguemos cover en los antros, es que no necesitamos a alguien más para darle placer a nuestro cuerpo. ¿De qué hablo? De un club al que pueden pertenecer ustedes solitas y ya. Con ustedes:

EL CLUB
DE LA
MANO
AMIGA

Se nos olvida que tenemos el mismo derecho que los hombres a pedir lo que queremos y a decir lo que nos gusta. El problema es que a veces ni siquiera sabemos qué queremos ni qué nos gusta porque nos da pena y culpa conocer y explorar nuestro cuerpo. Es más, ni siquiera podemos llamarle vulva o vagina a nuestro órgano sexual. ¡Le decimos de mil nombres menos del que es! «No, amiga, no sabes, me tocó *ahí* y después fajamos en la sala». «No pudimos tener sexo porque mi *cosita* no estaba depilada». «¡No permitas que nadie toque tu *flor*!». Si decimos brazo, pierna, nariz, codo, etc., ¡podemos decir vagina o vulva porque es una parte más de nuestro cuerpo! Aunque sí, es nuestro centro, ¡y la queremos chingos!

Como es una zona inexplorada y a veces abandonada, nos da miedito conocerla. Y luego, la voz de nuestra madrina Gogis diciéndonos: «No se ande tocando ahí» nos hace creer que tocarnos es algo sucio.

Yo no hablé de masturbación hasta mis 23 años, y fue con mis amigas gringas y canadienses cuando estudiaba actuación en Nueva York. Una de ellas mencionó que le habían regalado un vibrador de cumpleaños y estaba feliz. Nos contó cómo lo había usado, y otra de mis amigas le dio unos *tips* que se escuchaban buenísimos. Yo no opiné, me quedé escuchando porque me dio pena. Esa semana fui a una *sex shop* en el West Village. Entré agachando la cabeza y la señorita que atendía, muy casual ella, me preguntó que qué buscaba. «Un vibrador», le respondí en voz baja por pena a que me escucharan los demás. La señorita se me quedó viendo con cara de ¡¿es neta?! Tenemos 250 tipos de vibradores. ¿Cuál quieres? Me fui por uno barato y que fuera fácil de usar; había unos para los que necesitaba instructivo y pues yo quería un aparato sin complicaciones. Llegué a mi departamento, lo lavé y fui a mi cama. La vibración me distrajo, pero ¡lo gocé infinitamente! Pensaba: «¿Esto puedo hacerlo yo solita? ¡Qué maravilla! ¡Qué delicia que mi cuerpo reacciona de esta manera! Que puedo sentir tanta felicidad y éxtasis conociendo y explorando qué me gusta».

#ROMITIP:

OJO, los vibradores no son lo mismo que los dildos, estos últimos no vibran. Ahora sí que, dependiendo lo que te gusta y cómo te gusta, decidirás qué comprar en una *sex shop*. La ventaja de ir a la tienda es que habrá alguien que te explique qué onda con tu nuevo mejor amigo. Que no te de pena, no es algo prohibido ni sucio, tú siéntete libre. Si de plano no piensas en pararte por ahí, hay páginas de internet que te envían lo que necesitas a la comodidad de tu hogar. Recuerda guardarlo en un lugar seguro y limpiarlo antes y después de usarlo para evitar infecciones, incluso recomiendan ponerle un condón y lubricante. ¡Disfruta tu momento contigo!

La masturbación no solo se practica con juguetes sexuales, también puedes usar tus dedos (limpios, por favor, damitas), una almohada, o lo que quieras para sentir rico. El chiste es que tú encuentres qué y cómo te gusta para llegar al placer máximo.

TOCAR TU CUERPO NO ES ALGO SUCIO NI MALO, NI TE VAN A SALIR PELOS Y ESPINAS EN LOS DEDOS. ES UN ACTO DE AMOR PARA TI MISMA ¡Y PARA TU SALUD!

Tú también puedes regalarte orgasmos múltiples (sí existen, lo juro) y es importantísimo conocer tu cuerpo porque, de lo contrario, ¿cómo lo va a conocer alguien más? Cuando sabes qué pedo y cómo te gusta, es más fácil decirle al otro lo que quieres. **La comunicación en el sexo ES FUNDAMENTAL.** Por eso está padre hacerlo con alguien a quien puedas decirle qué te gusta y qué NO. Seguro hay algo que te encanta hacer y que te hagan y otras cosas con las que no te sientes cómoda, y está bien. No te hace una conservadora ni una puritana: poner límites en el sexo es parte del chiste. Si la otra persona se enoja o no lo entiende, te me paras en ese instante, te me vistes y te despides. JAMÁS termines haciendo algo con lo que no te sientes bien solo por complacer a la otra persona o porque «ya estás ahí y pues ni pedo».

REPITE CONMIGO: ¡TENEMOS EL MISMO DERECHO QUE LOS HOMBRES A PEDIR LO QUE QUEREMOS Y A DECIR LO QUE NOS GUSTA!

#ROMITIP:

Tener pareja, novio o esposo no significa que debas de renunciar al «Club de la mano amiga». La masturbación es un acto privado y para ti. Y lo puedes hacer sin importar tu situación de pareja.

Y entonces, ¿por qué nos da culpa?

¡Ah! Porque ya te vi, amiguita... De traviesa gozosa dejando un caminito de ropa por toda la sala y el comedor, cuando de pronto, antes de aventarte (no sexy, más bien torpemente) hacia la cama, entra Úrsula a cagar el momento: «Uy, pero si te acuestas con él, no te va a volver a llamar». «¿Estás segura de que quieres hacerlo? Lo acabas de conocer... ya sabes lo que los hombres piensan de las mujeres fáciles...». «No, pues si ya te habías tardado, ahora sí, lo impresionas porque lo hiciste esperar un chingo». Y entonces, en vez de estar presente y feliz, te entran la culpa y la pena.

QUIERO ACLARAR DE UNA VEZ POR TODAS QUE NO TODOS LOS HOMBRES SON IGUALES.

Habrá algunos patanes que solo quieran tu *cosita* (perdón, tenía que repetir mi broma), pero hay otros que sí son maduros y no creen que una mujer vale menos después de haber tenido sexo con ella. Si te sale una calaña de ser humano —aquel egoísta de 3 minutos que se viste y se va—, que te sirva de lección: no para esperarte más, sino para ser selectiva y darte chance de conocer mejor a la persona. Aunque si solo es una calentura y te sale con esa graciosada, mana, da igual. Tú con la frente en alto, ¡y ya! No es el fin del mundo.

Cada relación es distinta, y si tú quieres tener sexo con esa persona, ¡disfrútalo! Solo que sin expectativas y sin pensar en controlar con tu vagina (¡ni te hagas!, que sí lo hacemos). Tengo amigas que tuvieron sexo en la primera cita y se casaron, y otras que esperaron hasta casarse para hacerlo: ¡todas son felices! No hay reglas de vida ni nada está escrito. Hazlo porque tú quieres y ya. Solo con responsabilidad.

La culpa sirve para pura madre, y al final que cada quien opine lo quiera, ¿piensas vivir la vida de los demás? No, ¿verdad? Entonces, te da lo mismo.

#ROMITIP:

¿De dónde salió que los hombres DEBEN comprar los condones? Nosotras también podemos comprarlos y guardarlos para cuando se presente la ocasión. ¡Qué horror querer tener sexo y no poder porque no hay condón! No, *amiguis*, compren unos, guárdenlos en su cajón y ténganlos por si se ofrece.

¿Las zorras?

En México existe una especie de mujer temida por la sociedad. Estas mujeres devorahombres buscaorgasmos son más peligrosas que el zika en Brasil. Con ustedes, las enemigas de las chavitas bien:

LAS ZORRAS

En la adolescencia, había una parte de mí que envidiaba a los hombres porque ellos sí podían ser libres. Mis amigos llegaban tarde a sus casas, vivían su sexualidad libremente y nadie los juzgaba. Es más, podían tener unos kilitos de más y aun así andar con la guapa. Siempre pensaba: «¿Cómo sería si fuera hombre?». Y la idea que más me emocionaba era poder salir con quien yo quisiera sin tener que comprometerme. Era esa libertad que los hombres sí viven la que yo anhelaba.

OJALÁ ALGUIEN ME HUBIERA DICHO EN MI ADOLESCENCIA QUE MIENTRAS SEAS RESPONSABLE CON TU CUERPO Y TE CUIDES, PUEDES HACER LO QUE TÚ QUIERAS PARA VIVIR TU SEXUALIDAD PLENAMENTE Y SIN CULPAS.

Crecimos con prejuicios machistas y puritanos y nos compramos la idea de que las mujeres valen menos si se acuestan con muchos, y que todo debe mantenerse en secreto si no queremos que los demás nos juzguen. Lo más triste es que la mayoría de las veces las mismas mujeres señalan a otras mujeres. «¿Ya viste el escote que trae?», «¿Por qué se puso esa minifalda? ¡Pinche vieja!», «Óyeme bien (nombre del novio/esposo): ni se te ocurra acercarte a esa vieja que, por sus tacones, se nota que es una fichita». Ahí estamos, echándole mala vibra a la otra, a la que seguramente ni le interesa nuestro güey, pero la ahuyentamos con la mirada de «si te acercas, te cacheteo, ¡ZORRA!».

Estamos tan de la chingada como mujeres que, si nos pintan el cuerno, la culpa es de la vieja y no de nuestro hombre. ¡Qué daño nos han hecho las telenovelas y la sociedad! Los hombres son esta especie frágil, inocente, víctimas de la seducción de una ZORRA.

Como si la vieja buenota les hubiera puesto una pistola en la cabeza y los hubiera obligado a bajarse los calzones.

Por mucho tiempo, los hombres nos hicieron creer que las mujeres éramos nuestras peores enemigas. Las mujeres de la generación Baby Boomer mexicana son mujeres «Detrás de mi ventana» que viven en carne propia esa famosa canción de Yuri, donde son infelices con su marido, felices siendo la amante y, las otras señoras, unas robamaridos, lagartonas del infierno. (Si quieren profundizar en el tema, dense las canciones de Ana Gabriel, Pandora, Daniela Romo, Dulce, Lupita D'Alessio y todas las de esa camada).

CHAVAS, ¡NO ES NUESTRA CULPA!

Crecimos escuchando «Amiga mía», también de Yuri (¡pinche Yuri!), y viendo películas donde las mujeres se pelean a muerte con tal de quedarse con el vato. ¡Todas las películas noventeras y dosmileras tratan de eso! No estoy defendiendo a la señorita amante, pero si ella estaba soltera y él tenía el compromiso, ¿de quién es la culpa? ¿Con quién tenías TÚ la relación? Hay que respetarnos y no meternos con quienes tengan un compromiso, pero ¿por qué todo es siempre culpa de la mujer?

Aclaro, tampoco les estoy diciendo que ahora todas somos *amiguis* y nos amamos por el simple hecho de ser mujeres. No, pero no todas las solteras son zorras, ni las mujeres sexuales van por la vida arruinándole la existencia a las demás.

RESPETEMOS LA DECISIÓN DE VIDA QUE CADA UNA QUIERA TENER.

Si tu amiga acaba de cortar y quiere andar de muslos relajados, ¿quién eres tú para impedírselo? Mientras se respete y respete a los demás, ¡que sea feliz! ¡Qué rico! Tanto hablamos de empoderamiento femenino y *bla bla bla*, pues empecemos por dejar de juzgar a las demás, a eliminar de nuestro vocabulario la palabra zorra. Una mujer que vive su sexualidad no es una amenaza para las demás, ¡no mamen! Cuando conozcas a una mujer que te dice que tiene chingo de sexo, ¡felicítala! ¡Encontrar buen sexo es más difícil que encontrar a Wally en las últimas páginas!

Divertirse con el incorrecto

Tengo una noticia que seguramente va a *shockear* a la sociedad mexicana porque pues somos mujeres, el sexo *débil y frágil*. Somos esa especie que no se toca ni con el pétalo de una rosa.

LO QUE VAN A LEER A CONTINUACIÓN LES COSTARÁ TRABAJO CREERLO, **PERO A LAS MUJERES NOS GUSTA …** TENER … SEXO… POR … PLACER. *WHAT?!*

Así es, y eso significa que no todas las personas con las que tengas un encuentro sexual son el amor de tu vida, ni tu futuro exesposo ni alguien al que vuelvas a ver. La vida es tan hermosa que te manda «postrecitos» deliciosos únicamente para tu evolución sexual y para tu mero placer.

Estos «postrecitos» son un recordatorio para estar presentes, para no hacernos una película en nuestra cabeza ni para planear.

Sirven para gritar de placer, repasar el kamasutra, tener mil orgasmos y sentir tu cuerpo y el del otro.

ADVERTENCIA:

Nomás no la cagues convirtiéndote en la «**enamorada del amor**» y poniéndole expectativas a una persona con la que SOLO VAS A TENER UN ACOSTÓN. Si empiezas a «**confundirte**» y a debrayar con que chance esa persona y tú tienen futuro, no lo llames enamoramiento, se llama enculamiento, que es MUY distinto. **Mientras los dos lo tengan clarísimo, vas a pasarla chingón, te lo prometo. Eso sí, siempre con protección, amiga.**

Aquí también entran los *fuck buddies*, o como les llaman Maluma y los niños Reik, «amigos con derechos» (que tampoco tienen que ser tus *amiguis*, ¿eh? Es más, entre menos relación tengas con él fuera de las sábanas, mejor. Así nada más cumplen su propósito, que es… ¡Exacto!). En la Universidad de los Buenos Modales y Buenas Palabras, cuna de las chavitas bien, se le conoce como **darle vuelo a la hilacha**.

#ROMITIP:

Si vas a entrarle a vivir una experiencia sin compromisos, NO ESPERES NADA DE LA OTRA PERSONA más que lo acordado. Nada de enojarte ni ponerte triste si no te escribe mensajitos de buenos días, ni esperes que te lleve al asado con sus primos. Si crees que te vas a clavar, mejor ni te metas ahí porque vas a salir lastimada y pa' qué el sufrimiento. También ahórrate contarle tus problemas: no es tu novio, es tu amantito.

Ahora bien, la lista que leerás a continuación es para mera diversión. Que quede claro que no ando promoviendo el machismo inverso calificando el acto sexual públicamente con tus amigas y burlándote del pobre chavo. Pero te dejo por aquí, como quien no quiere la cosa, una pequeña clasificación, resultado de una ardua investigación en el campo, de los épicos de las relaciones sexuales que rondan por ahí:

SALMÓN NORUEGO

Aquella persona que se queda inerte durante la relación. No se mueve, no expresa, ¡nada! *Please*, hija, nunca seas salmona noruega, siempre deja el alma en el escenario.

GALLETA OREO

Piensa en una galleta oreo, ¿te la comes? Sí. ¿Pasan dos años sin que te comas una? También. Así son las personas «galleta oreo». Si pasa, chingón; si no pasa en un lustro, da igual.

CHUNTARO STYLE

Típico que ya estás sin ropa, lista para lo que viene, y dices casi sin aliento: «Ya saca el condón». El otro reacciona como si le hubieras dicho una frase en coreano y se saca tanto de pedo que corre frenéticamente de un lado a otro, hacia su buró (o donde guarde los condones), pero no los encuentra porque no sabe dónde los dejó. Te quedas con las ganas y no queda de otra más que recoger tus chivas y salir lo más digna posible de la habitación. **#FAIL**

3 MINUTOS

Si el chavo dura esto, tienes todo el derecho de borrarlo de tu mente y tu celular, y no cuenta. También tienes todo el derecho de pedirle tu número de regreso. NUNCA PASÓ.

PIEDRITA EN EL ZAPATO

Ojalá nunca tengas que vivir algo así, pero la «piedrita en el zapato» es aquella persona que te pudiste haber ahorrado. Tal vez estuvo bien el acto sexual, pero después sacó alguna sorpresa chafa. OJO, estas personas siempre serán parte de tu lista, así que hay que volverse más selectivas.

TROFEO/ HOGUERA

Esta es una bonita dinámica que mis amigas y yo tenemos donde hacemos una lista de trofeos y hogueras. Apuntamos en el lado de trofeos todas aquellas personas que nos dan orgullo: son medallitas que cargamos con nosotras. Sin embargo, a veces nos gana «lo que una hace por pene» o «lo que una hace por la caricia» (versión gay) y terminamos cediendo a las pasiones sexuales con gente de la que después decimos en voz alta: **«¡¿POR?!»** Equis, *amiguis*, a todas y a todos nos pasa. De los errores se aprende.

Si algo he aprendido en estos años de experiencia en el campo (o en la cama), es que el sexo es más chingón cuando hay respeto y complicidad. Ahora que, si nos ponemos románticas, el sexo con amor sabe mil veces mejor. Pero ese ya es otro libro...

Resumen:

1 HAZ LO QUE TÚ QUIERAS SIEMPRE Y CUANDO SEA CON RESPONSABILIDAD.

2 CUÍDATE Y CUIDA TU CUERPO. SIN GORRITO NO HAY FIESTA.

3 SÉ QUE A VECES NOS GANA LA FIESTA. SI DE PLANO SE TE PASARON LAS COPITAS, MEJOR DEJA LA NOCHE FOGOSA DE SEXO CASUAL PARA OTRA OCASIÓN.

4 DIVIÉRTETE Y DISFRUTA, ¡ESO ES LO MÁS IMPORTANTE!

5 QUÍTATE LOS CALCETINES.

CAPÍTULO 9

Los poderes

No necesitas ser la Mujer Maravilla para sacar tus poderes y romper madres. Cuando me siento poderosa, es como si trajera unas medallitas protectoras que me hacen invencible, y cuando siento que nada me para, la seguridad florece para tomar decisiones. Esa energía llena de #power hace que las personas que también andan montadas en su propio #power coincidan contigo. **«Si vibras high, vivirás en high»**. Siento que esa frase bien podría ser un éxito del guapazo de J. Balvin, pero la neta, la inventé yo.

Los poderes no son algo tangible. La palabra se ha desvirtuado porque algunos usan su posición o «su poder» para realizar acciones bien chafitas, que no vienen al caso en este libro. Pero como no vamos a arruinar este capítulo con la popó que hay en el mundo, sino que nos concentraremos en nosotras, quiero hacerte las siguientes preguntas y que las respondas:

¿CUÁLES SON TUS PODERES?

_____

_____

_____

¿QUÉ PODER TE GUSTARÍA TENER?

_____

_____

_____

¿CÓMO TRABAJAS EN CRECER TUS PODERES?

_____

_____

_____

NI ME VENGAS CON QUE: «NO, ROMIS, YO NACÍ SIN PODERES» PORQUE ESO NI QUIÉN TE LA CREA. AHÍ ESTÁN, AHÍ LOS TIENES, SOLO QUE A VECES TOCA RASCARLE.

*Los poderes que
creo que tengo*

2%

98%

*Los poderes que en verdad
tengo y no me he dado cuenta*

YO NO PENSÉ QUE PUDIERA SER CAPAZ DE TANTO.

Si me hubieran dicho hace 10 años que algún día iba a publicar un libro, tener una empresa, ser independiente y tener la vida que yo quería, hubiera pensado que esa persona estaba tomada. Estaba tan envuelta en mi cabeza y cargaba con tantas expectativas ajenas que era imposible ver mi grandeza. **Yo la veía en los demás, pero jamás en mí.** Pensaba que la felicidad, sentir amor y tener relaciones sanas en mi vida era algo ajeno, y que tal vez yo tenía mala suerte.

Realmente creer que yo era capaz de lograr lo que quisiera (sí, lo que yo quisiera) me tomó un tiempo, y todavía lo sigo trabajando, lo que pasa es que ya identifico cuando Úrsula sale a hacer su dramita y la retacho en chinga de donde vino. Tenemos que ser pacientes y compasivas con nosotras y entender que todo es un proceso.

Tardé en creer en mis poderes. Tal vez porque antes no veía lo afortunada que soy. Al enfocarme en todo lo que no tenía, daba por hecho que la gente que me rodea, ser independiente y tomar las riendas de mi vida era lo que me convertía en la mera mera. Pero ahora soy más sabia y comprendo que funciona de modo distinto. Así que te comparto estos poderes, los que a mí me han hecho sentir más chingona que Beyoncé en sus conciertos, o en general, en cualquier momento.

1. EL PODER DE UNA BUENA AMISTAD

He aprendido que la gente se cruza en tu camino con un propósito específico, que nada es casualidad y que, si coincidieron, es porque vienen a enseñarte algo. Ya en debraye... ponte a pensar en TODO lo que tuvo que pasar para que tu mejor amiga y tú se conocieran. ¡Miles de cosas! La vida también me ha enseñado que algunas personas se quedan por años, como esas amigas que tenemos desde el kínder, mientras que otras forman parte de alguna etapa en específico. Oye, no existe un límite de edad para hacer amigas ni un límite de amistades que puedas tener. Me imagino al Dios divino desde arriba viéndome: «*Uy, no, no, no, no, Romina ya tiene 34 años y lleva 7 amigas, ¡ni una más!, no, no, no. Ya no más cafés, ni otro chat en WhatsApp*». Siempre se pueden hacer nuevas amistades, ¡y qué divertido!

Varias de mis amigas viven lejos y no estoy triste por eso, al contrario; cuando tienes una conexión profunda con alguien, pueden pasar los meses y sientes que la viste ayer. Si también es tu caso, organicen dates por video llamada y, si de plano no logran coordinarse, aunque sea un mensajito por WhatsApp ayuda a sentir de cerca a las personas.

Como en todas las relaciones, hay que aceptar y querer a nuestra amiga tal cual es y las decisiones de vida que ella tome. Recuerda lo que dije de no andar metiendo las narices (en plural) donde no te corresponde.

Ya lo hablamos en un capítulo anterior, pero ni pierdas tu tiempo comparando tu vida con las de tus amigas. Nadie es más o menos, es simplemente diferente, porque cada vida es distinta y cada una tiene su propio camino.

Lo chingón de las amigas, además de que te conocen a la perfección, es que puedes llamarlas cuando te sientes del nabo; son las primeras en echarte porras y decirte que qué guapa te ves, aunque te sientas hinchada; se ponen en contra del güey que te dejó en visto; te hacen segunda en eventos de superflojera; se emocionan con tus éxitos y te regañan cuando no te das tu lugar; te pueden *bullear*, siempre y cuando sea con amor; y chismear de asuntos importantes y no tan importantes (en mi caso, mis amigas y yo hablamos de las celebridades como si hubieran ido a la prepa con nosotras). «*¿No creen que Justin Timberlake está mejor que nunca?*». Y así, podemos pasar toda una tarde recordando a nuestros crushes del ayer como Ben Affleck, Leonardo DiCaprio, Ryan Gosling, etc. Platicando de cosas que realmente le importan al mundo. #bromi

#ROMITIP:

¿Queremos alimentar la relación? No importa lo ocupada que estés, siempre puedes mandar un mensajito de «te quiero» o «he estado pensando mucho en ti» y con eso te haces presente. (Ya sé que mencioné algo parecido antes, pero neta, neta, es muy importante y no te toma más que 5 segundos).

Una buena amiga

- Te Escucha Sin Juzgarte.

- Te Dice La Verdad Si La Estás Regando.

- Sabe Guardar Secretos.

- Te Apoya Incondicionalmente.

- Te Abraza Cuando Necesitas Amor Y Cariño.

- Es Leal.

- Se Divierten Juntas (Lo Más Importante).

- Hay Confianza Y Complicidad.

- Te *Bullea*, Pero Con Amor.

Una mala amiga *

- Habla mal de ti a tus espaldas.

- Te manipula, te chantajea o te pone condiciones.

- Te hace sentir culpable.

- Se liga a los que a ti te gustan o, peor aún, le coquetea a tu pareja.

- Te juzga y te da cátedras de vida como si ella fuera el ejemplo de la rectitud.

- Se pone celosa de tu relación con otras personas.

- Te regaña como si fuera tu mamá.

---

* Honestamente, puedes ahorrarte esa negatividad.

Nada cura más rápido que un buen neteo o echar el chisme (sin destruir a nadie, por favor) entre amigas. Esa idea de que las mujeres juntas ni difuntas es de otra generación. Hoy, sabemos que juntas logramos más y más rápido, y que la de enfrente no es competencia sino una gran oportunidad para aprender de ella.

¿Y qué hay de los amigos?

YO NO ESTOY DE ACUERDO CON ESO DE QUE ENTRE MUJERES Y HOMBRES NO PUEDE EXISTIR UNA AMISTAD.

Es más un tema cultural y un tanto machista pensar que TODOS los hombres que se te crucen en la vida quieren contigo. Yo tengo amigos increíbles a los que les pido consejos, no solo de vida, sino de trabajo, y han sido los primeros en decirme que me aviente a hacer las cosas. Es padrísimo tener amigos.

Ahora, hablemos de otras amistades complicadas: las amigas de tu novio. Si no te caen bien, échate un clavado a ver por qué te causa inseguridad que se junte con otras mujeres. Como ya lo mencioné, debemos quitarnos la idea de que somos enemigas o unas conquistadoras de pene ajeno. Eso sí, hay algunas señoritas que no captan que su amigo ya tiene novia, y eso de hablarle diario, pues no. Respeta y no hagas lo que no te gustaría que te hicieran a ti.

ENCONTRAR BUENAS AMISTADES ES UNA BENDICIÓN. CUÍDALAS, PROCÚRALAS, ALIMENTA LA RELACIÓN Y AGRADECE TENERLAS EN TU VIDA, SIEMPRE.

2. EL PODER DE SER ECONÓMICAMENTE INDEPENDIENTE

Tengo el mejor ejemplo de superación personal: es la historia de mi papá, quien, de niño, sufrió carencias económicas. Al ser el mayor de sus hermanos en una familia con un papá ausente, tuvo que empezar a trabajar desde los 14 años. Quería ser médico, pero por el tiempo y dedicación que requiere esa carrera, y porque debía llevar dinero a su casa, terminó estudiando Contaduría en la UNAM. Trabajaba mientras estudiaba, y al poco tiempo se lanzó a poner su propio despacho contable. Fue asesor financiero y su última empresa, antes de retirarse, llegó a tener 6 000 empleados a nivel nacional.

Su historia es admirable, crecí viendo a un papá que se partía (literal) la madre por darle lo mejor a su familia. Gracias a él y a su esfuerzo tuve la oportunidad de contar con una educación, de estudiar en el extranjero y de viajar. Desde que era niña, me hizo consciente del valor de las cosas. Por ejemplo, tenía que comer todo lo que hubiera en mi plato; en la casa no se desperdiciaba comida. Si le pedía que me comprara unos zapatos negros y ya tenía unos, me decía que hasta que ya se vieran viejos me compraba otros. Si íbamos de viaje, me daba cierta cantidad de dinero para comprar, y ya. Y a pesar de ser sumamente consentidor y cariñoso, jamás me trató como una princesa que se merecía todo. Junto con mi mamá, me educó para ganarme los permisos y para agradecer el esfuerzo que hacían los dos por mi hermana y por mí. También me enseñó a ser una mujer fuerte, con huevos e independiente.

Como puedes darte cuenta, soy fan de mi papá. Lo adoro. Soy extremadamente afortunada de haber tenido a un padre que me dio la confianza de hacer lo que yo quería. Cuando yo todavía pensaba en ser actriz, le preguntaba por qué no había heredado su talento para hacer negocios; curiosamente, años después me convertí (sin haberlo planeado) en dueña de mi propia empresa. Jamás pensé tener un equipo de trabajo, clientes a los que les vendo mis ideas, armar y planear campañas, rentar una oficina, pagar impuestos, etc. Ha sido un camino de chingo de satisfacción, pero también de nervios, lágrimas y de aprender un poco a la mala, porque como persona creativa, lo legal y los números pasan a segundo plano. ¡He tenido que creerme que soy una mujer de negocios! Y que es importante hacer una planeación financiera, un presupuesto y, sobre todo, tener clarísimo hacia dónde quiero ir con mis proyectos. ¡Ser emprendedora es un reto de todos los días!

PERO NO TIENES QUE SER EMPRENDEDORA PARA SENTIR ESA SATISFACCIÓN; EL HECHO DE DAR LO MEJOR QUE PUEDAS, PROPONER Y SER PARTE DE UN PROYECTO O UNA EMPRESA, TE DA UN PODER QUE NADIE PUEDE QUITARTE.

Sin tu trabajo, no se lograría lo demás. No te hagas chiquita ni pienses que no importas. Al contrario, así trabajes en una corporación de miles de personas, lo que tú haces aporta.

Hace unos años en una de mis terapias, cuando todavía hacía comerciales, le dije a Diana que me angustiaba no tener dinero. «Pero tienes dinero en el banco, ¿no?», me preguntó. «Sí, pero me da miedo perderlo o no generar más», le respondí. Diana me explicó que el dinero es energía. ¿Alguna vez se han puesto a analizar cómo es su relación con el dinero? ¿Lo respetan? ¿Lo cuidan en exceso y no lo gastan? ¿Le tienen miedo? ¿Lo malgastan? Si bien el dinero no es lo más importante en la vida, da paz y tranquilidad. Para mí, es una herramienta para no tener que preocuparme por dónde voy a vivir ni qué voy a comer; para saber que, si me enfermo, tengo un seguro médico; y que además me permite vivir experiencias ¡y viajar!

HE APRENDIDO A AGRADECER MI SUELDO Y A QUE NO ME DÉ PENA COBRAR POR MI TRABAJO. NUNCA NOS DEBE DAR PENA COBRAR POR LO QUE NOS DIJERON QUE NOS IBAN A PAGAR.

#ROMITIP *PARA APRENDER A COBRAR*

1 SIEMPRE COBRA POR TU TRABAJO. NO LO REGALES A MENOS QUE TÚ QUIERAS HACERLO.

2 SI NO ESTÁS SEGURA DE CUÁNTO COBRAR, PREGÚNTALE A LA GENTE QUE ESTÉ EN LO MISMO QUE TÚ.

3 QUE NO TE DÉ MIEDO PEDIR LO QUE QUIERES. LO PEOR QUE PUEDE PASAR ES QUE TE DIGAN QUE NO Y YA, PUEDES LLEGAR A UN ARREGLO SI ES QUE TÚ LO DECIDES.

4 FIRMA UN CONTRATO DONDE SE INDIQUE CUÁLES SON TUS RESPONSABILIDADES Y LAS DE LA PERSONA QUE TE CONTRATA. POR

VIVIR EN UNA CULTURA TAN DE CONFIAR Y TAN INFORMAL, NUNCA SE FIRMAN PAPELES, Y CRÉEME, SON INDISPENSABLES POR CUALQUIER TEMA LEGAL.

5 ESE CONTRATO DEBE ESPECIFICAR CUÁNTO VAS A COBRAR Y EN CUÁNTO TIEMPO TE VAN A PAGAR.

6 NO TE HAGAS CHIQUITA. VALORA TU TRABAJO.

¡QUÉ DELICIA SER ECONÓMICAMENTE INDEPENDIENTE!

Decidir en qué gastar tu dinero, ahorrar, invertir, vivir sola, viajar y, ya cuando ganas un poquito más, darte tus lujitos. Luego me entra el remordimiento por comprarme un vestido, pero ¡no! ¡Para eso trabajo! Esos regalos son para una misma, y además son una muestra de amor porque, aunque sean cosas materiales, nos hacen felices.

Otro punto importante: el rol de la mujer cambió. Hoy, los hombres ya no son los únicos que se encargan de los gastos dentro de la familia, también nosotras somos proveedoras, y eso, mis chavas, se siente chingón. Aportar para tener una mejor calidad de vida debe enorgullecernos. Lo que está del nabo es que, en algunas ocasiones, a las mujeres se nos paga menos por el mismo trabajo (se me hace increíble que a estas alturas sucedan estas injusticias y diferencias abismales) por lo que debemos luchar por una equidad laboral, por que las empresas den la misma licencia de paternidad tanto a mujeres como a hombres y por que haya más mujeres que se avienten a emprender, pues, además de poner sus condiciones, generan más empleos en una sociedad que los necesita.

#ROMITIP:

Si te inquieta esta situación y no sabes por dónde empezar, una manera de ayudar económicamente a las mujeres es comprándoles directo a ellas. Por ejemplo, si vas a comprar frutas o verduras al mercado, cómprale a una marchanta. Gracias a las redes sociales puedes enterarte de mujeres emprendedoras; contrata sus servicios, es una buena manera de activar la economía.

El dinero no es lo más importante, pero tener una buena planeación financiera sí reduce la angustia y permite tener una mejor calidad de vida.

3. EL PODER DE DECIDIR QUÉ QUIERES

Era octubre de 2018 en Nueva York y tuve la oportunidad de escuchar a la señora Madeleine Albright, la primera secretaria de Estado en Estados Unidos y, después, embajadora de la ONU, quien actualmente tiene 81 años. Su plática fue sumamente inspiradora. Habló de lo que estamos haciendo cada una desde nuestra trinchera para ayudar a más mujeres y me dejó pensando en que **somos pocas las que tenemos el privilegio de escoger lo que queremos de nuestra vida.** ¡Qué triste que así sea! Pero todavía, en algunos países, las mujeres son víctimas de padres que las obligan a trabajar y las sacan de estudiar, que las obligan a casarse y, en casos más extremos, que las venden a muy temprana edad.

CONTAR CON UNA EDUCACIÓN PARA SALIR ADELANTE ES UN REGALO, Y SI TENEMOS LA OPORTUNIDAD DE PODER SUPERARNOS, ES NUESTRA OBLIGACIÓN HACERLO. PUNTO.

Sí, el mundo está jodido, pero no es para que nos tiremos al suelo y nos sintamos culpables por las oportunidades que tenemos. Como lo mencioné en el párrafo anterior, generando un cambio en nosotras podemos transformar el mundo, ya que, si el día de mañana estamos en la posición de emplear a gente, podremos darles una oportunidad a más mujeres y hombres para que se superen. ¡Cada una es capaz de ser una agente de cambio! Tal vez no puedes decidir todo lo que quieres, pero sí una buena parte de hacia dónde va tu vida, y créeme, no hay mayor satisfacción que sentir que estás donde quieres estar.

Sé que a veces nos entra el miedo o la inseguridad cuando tomamos decisiones porque ¿y si la cagas o te arrepientes? Por eso hay gente que se queda en el lugar que ya conoce y así pasa su vida, sin tomar riesgos, por miedo a un escenario imaginario. Ten por seguro que, tomes la decisión que sea, el simple hecho de haberla tomado te traerá una recompensa positiva.

¿Cómo tomar una decisión?

Limita tus opciones

Haz una lista de pros y contras

No tardes demasiado
(la indecisión agota)

Cree en tu instinto

Confía en la decisión que tomaste y deja ir el resto

4. EL PODER DE SER MEJOR TODOS LOS DÍAS

¡Esta es la belleza de vivir! Que cada momento es una oportunidad para elegir hacia dónde queremos ir, y no, no se tienen que proyectar a 5 años (¿cómo pueden? Yo no sé ni qué va a pasar el próximo mes). Una cosa es planear y fluir, y otra, obsesionarte para que tus expectativas de vida se cumplan. A su vez, todos los días son un recordatorio de que tenemos la oportunidad para volver a empezar, y que podemos ocuparnos en vez de preocuparnos.

Sabes que amo hacer listas, así que hagamos una que te dará claridad para empezar a tomar acción:

1 ¿QUÉ COSAS TENGO HOY EN MI VIDA POR LAS CUALES AGRADEZCO?

_____

_____

2 ¿QUÉ ME HACE FELIZ? ¿CÓMO LO LOGRO?

_____

_____

3 ¿QUÉ OBJETIVOS REALISTAS TENGO EN LOS PRÓXIMOS 3, 6, 9 MESES?

_____

_____

_____

4 ¿QUÉ ESTOY HACIENDO **PARA LOGRAR MIS OBJETIVOS?**

_____

_____

5 ¿CUÁLES SON LOS OBSTÁCULOS **QUE ME ESTÁN IMPIDIENDO (O DISTRAYENDO) PARA LOGRAR MIS OBJETIVOS?**

_____

_____

_____

Ahora quiero que aquí pongas tus poderes ¡y nada de que no tienes! Al menos escribe 4:

¿CUÁLES SON TUS PODERES?

_____

_____

_____

PODER 1:

¿EN QUÉ CONSISTE?

_____

¿CÓMO PUEDES SACARLE MÁS PROVECHO?

_____

PODER 2:

¿EN QUÉ CONSISTE?

¿CÓMO PUEDES SACARLE MÁS PROVECHO?

PODER 3:

¿EN QUÉ CONSISTE?

¿CÓMO PUEDES SACARLE MÁS PROVECHO?

PODER 4

¿EN QUÉ CONSISTE?

¿CÓMO PUEDES SACARLE MÁS PROVECHO?

Empezar agradeciendo por lo que tenemos hoy, nos ayuda a reducir la ansiedad de planear el futuro y, aunque sé que hacer listas es una actividad un poco ñoña, al sacar de tu cabeza las ideas y proyecciones y verlo escrito en un papel, es más fácil visualizarlo todo. Tu mente lo capta de manera distinta.

En mi caso, tengo un cuaderno en el que anoto mis proyectos personales y profesionales, donde apunto lo que quiero lograr semanalmente. Como lo mencioné, a mí me funcionan las metas a corto plazo, porque proyectarme a tiempo futuro solo me angustia; sin embargo, cada quien tiene su manera de lograr lo que quiere.

NO TE SIENTAS UNA PERDEDORA SI DE PRONTO NO LOGRASTE *TOOOODO* LO QUE TENÍAS EN MENTE.

Las que somos luchonas tenemos mil ideas de negocios, viajes, proyectos y no siempre se encuentra en nuestras manos cumplirlos. Mientras estés trabajando para lograrlos, sé flexible con la vida y confía en que lo que te suceda es lo mejor, así que nada de lágrimas y decepciones, y mucho menos de victimizarte.

¿Te diste cuenta de lo chingona que eres? Si apenas acabas de darte cuenta de que los poderes de una buena amistad, de ser económicamente independiente, de decidir qué quieres y de ser mejor todos los días están en ti y no tenías ni idea, terminando este capítulo te doy chance de ir pensando de qué manera vas a activarlos. Nuestros poderes están ahí, dentro de nosotras. Si ya los utilizas, ¡bravo! ¡A seguir dándole!

Recuerda, *amigui*, que nadie puede robar ni pisar los poderes que se te otorgaron si tú no lo permites. Andar pilas y enfocada en tu vida evita distracciones y comparaciones con los demás.

EN TI RADICA CUÁNTO QUIERES BRILLAR. NO PIERDAS EL TIEMPO. ES MOMENTO DE TOMAR LAS RIENDAS Y SER TÚ, ¡QUE ES LO MÁS CHINGÓN QUE TIENES!

CAPÍTULO 10

Espejito, espejito, ¿quién es la más chingona?

Creer es considerar una cosa como posible o probable sin llegar a tener una certeza absoluta de ello. Las chingonas creemos en nosotras a pesar de las opiniones de los demás; aun cuando tenemos todas las de perder, seguimos adelante porque esa lucecita interior es lo que nos motiva a avanzar. Creer en ti es trabajar todos los días para saber y entender que las posibilidades son infinitas, que una solita es la que se pone los límites y que nadie tiene derecho a decirte que le bajes tres rayitas a tus sueños. Como dice el doctor Miguel Ruiz en *La maestría del amor*:

Tienes el poder de crear. Tu poder es tan fuerte que cualquier cosa que decidas creer se convierte en realidad. Te creas a ti mismo, sea lo que sea que creas que eres.

¿Ven? El poder de crear, de cambiar, ya está dentro de nosotras. Pero a pesar de que hay demasiada información, libros, maestros, gurús, cursos, YouTubers espirituales, frases inspiracionales de Ricardo Arjona en redes sociales, etc., que nos dan consejos de vida, a veces todo se queda solo en la teoría, o sea, en un bonito discurso dentro de la cabeza y nada más. **No pasamos a la acción.** Es lo que yo llamo «pensamiento 11:11», que es (sin juzgar) toda esta banda *Tuluminatti* de gente que manda luz en mensajes de WhatsApp, se lee todos los libros de Osho y se tatúa un mantra en la espalda, pero cuyas palabras no corresponden con sus acciones. Típico: dicen que van a separarse de esa pareja violenta, pero regresan con ella a los tres días. Honestamente, por más que te vayas a leer el aura a Tepoztlán o a meterte ayahuasca a Perú, **si no tomas la decisión de hacer un cambio, todo seguirá siendo de la misma manera.**

Para que exista un cambio real dentro de ti, primero debes experimentarlo. ¿Cómo? Comprometiéndote con tu vida, dándote amor y respeto. Esos cambios de conciencia se verán reflejados en tus acciones, en las decisiones que tomes, en la calidad de vida que decidas tener, en la gente con la que decidas rodearte, en el respeto que te tengas y, por consecuencia, en el que les des a los demás.

CUANDO ERES HONESTA Y CONGRUENTE CONTIGO, INMEDIATAMENTE LO ERES CON LOS DEMÁS.

Las máscaras sociales, el deber ser y las expectativas de los otros empiezan a desaparecer para empezar a vivir tu verdad, y es ahí cuando, finalmente, crees que eres capaz de lograr lo que te propongas por más «imposible» que suene.

La realidad es que las viejas más chingonas del mundo, las que más admiro (como Oprah Winfrey, Shakira, Emma Watson, Malala), no se quedaron en sus casas esperando a que les llegaran las oportunidades ni a que les hablara una divinidad cósmica para decirles: «Oye, Shakira, escuché por ahí que querías convertirte en la cantante y compositora número uno de Latinoamérica. Tú quédate descansando en Colombia, escuchando vallenato y comiendo arepas, en lo que te armo tu carrera». Al contrario, tan saben que no la tienen fácil que le trabajan todos los días para llegar a lo que cada una busca. Se la creyeron, se montaron en sus poderes, transformaron su vida y, por consecuencia, la de los demás.

Por eso admiro a las mujeres que no se definen, las que no son solo una cosa y ya. Las mujeres no tenemos que encajar en una categoría exclusiva. Vean a mi Emma Watson, que además de ser una actriz hermosa, es embajadora de las Naciones Unidas, usando su voz y su influencia para hablar de equidad de género, feminismo y sustentabilidad, entre otros temas. Y no por ser feminista anda con la axila peluda para probar que es demasiado inteligente. Y a Gisele Bündchen, la *top model* brasileña que en algún momento fue la modelo mejor pagada del mundo. Pudo haberse quedado siendo guapa, buenota y esposa de Tom Brady, pero su pasión por el medio ambiente la llevó a comprometerse para proteger el Amazonas y otras regiones de su país natal.

¡PODEMOS SER LO QUE QUERAMOS!

Querer darte lo mejor no te convierte en una egoísta. Enfocarte en tu trabajo no te hace una materialista. Querer dedicar tu vida a tus hijos y a tu esposo no significa que seas una mantenida y que ya no puedas salir a divertirte con tus amigas.

> **HASTA QUE NO DEJEMOS DE RACIONALIZAR LO QUE SENTIMOS, DE JUZGAR NUESTRAS EMOCIONES,** DE PONER EN CAJITAS LO QUE SÍ Y LO QUE NO SOMOS, NO VAMOS A ENTENDER QUE **ENTRE MÁS LE HUYAMOS A VERNOS SIN MÁSCARAS, ASÍ TAL CUALES SOMOS,** SERÁ MÁS DIFÍCIL CONOCERNOS Y CONECTARNOS CON NUESTRA VERDADERA ESENCIA, QUE ES LO QUE NOS LLEVARÁ A VIVIR CON FELICIDAD Y PLENITUD.

Me aplaudo porque hace 8 años decidí comprometerme con mi vida al meterme al pozo de la oscuridad que traía dentro para escarbar y escarbar hasta encontrar el porqué de mi vida y mis acciones. Yo no tuve un momento de quiebre ni una situación crítica que me haya hecho decidir ir en busca de ayuda profesional, solo me cansé de sentirme vacía e insuficiente. Me harté de ser la víctima y de que los demás opinaran sobre cómo debía ser mi vida. No quería cargar con más peso y estaba tan perdida y tan en mi cabeza que me impedía ver las cosas en claro.

VER POR MÍ FUE LA MEJOR DECISIÓN QUE PUDE TOMAR, POR ESA RAZÓN ME SIENTO UNA MUJER EXITOSA.

Aprendí en terapia que sentir tan intensamente es un don y el regalo más hermoso que me pudo tocar. ¡Lo sensible no me quita lo chingona! Si no hubiera llegado a conectar tan profundamente con mis emociones, no tendría la vida que tengo, y hoy puedo decir que me siento una mujer exitosa porque logré ser feliz. Todas buscamos felicidad, ¿no? Pues ahí está, mana, solo que, para llegar a esa felicidad, vas a tener que pasar por baches, calles sin luz, ver a Madonna sin maquillaje en una esquina, mojarte en una tormenta con granizo y soportar más de 5 minutos de música de tambora. Si fuera fácil, si todo fuera una semana en Bacalar con Tom Hardy sin ropa y comida sin gluten ni lactosa, viviríamos en un mundo de caramelo (como canta Danna Paola).

PERO TÚ DECIDES QUÉ TAN GÜEY TE QUIERES HACER Y HASTA CUÁNDO.

Puedes pasar la vida entera culpando a tus padres por haberse divorciado, a esa amiga que no te invitó a su cumpleaños en kínder 2 y generó que ya no confiaras en nadie ni quieras amigas, al galleta oreo que te dejó en visto y te ardiste, al jefe culero que te despidió y ni las gracias te dio, al jetón de la aerolínea que te obligó a documentar tu maleta de mano... ¡qué sé yo! Puedes gastar tu vida entera haciéndote chiquita y víctima de tus propias circunstancias, levantándote diario mentando madres y enfocándote en todo lo que no tienes y te gustaría tener. Solo recuerda que la actitud negativa atrae más actitud negativa y que podrías terminar siendo una persona de turboflojera a la que los demás le huyan porque pues una ya tiene suficientes pedos mentales como para andar cargando con los demás. (Hablar de tus problemas y tus desgracias por semanas y meses es igual de interesante que ver cómo se seca la pintura de una pared).

¡DEBEMOS VERLE EL LADO CHINGÓN Y DIVERTIDO A LA VIDA! **VIVIR APRENDIENDO. VIVIR CRECIENDO.** VIVIR NAVEGANDO POR LOS MOMENTOS DE PLENITUD Y LOS MOMENTOS DE TURBULENCIA.

La vida te manda lecciones para que aprendas. Si no aprendiste una vez, te la va a volver a mandar. Si no aprendiste esa segunda vez, te la va a volver a mandar chance un poquito más intenso, y así, hasta que te caiga el veinte. La vida no quiere que sufras, **nadie está conspirando contra ti.** ¡Ni que fueras María la del Barrio!

Si ya llegaste hasta este punto en tu vida es porque has sobrevivido varias batallas, porque te has levantado de los golpes más fuertes, porque tienes el instinto de querer sentirte mejor, pero no el «ya me alivané, manita», nada de eso. Hablo de realmente sentir dentro de ti y de tu corazón que las cosas pueden estar mejor.

INVIERTE EN TI Y EN TODO LO QUE TE HAGA CRECER.

Un curso, una terapia, una clase, una membresía al gimnasio, un café con una amiga, un buen corte de pelo, cualquier cosita que refleje amor hacia ti. No te hace egoísta (lo repito hasta el cansancio). Si no sabes darte amor, no podrás darlo a los demás.

Por último, quiero compartirte desde el fondo de mi corazón una cartita que escribí en mi diario hace un año y que se ha convertido en mi lema en la vida. Me ha dado muchísima dirección y espero que a ti te sirva también. Dejo espacios en blanco para que la personalices.

Fecha: _____
Carta a: _____

Prometo todos los días darme lo mejor.

Vivir más presente y dejar de preocuparme por cosas o situaciones que no están en mi poder.

Voy a aceptar mi realidad tal cual es porque así es perfecta.

Voy a vivir con honestidad, respeto y responsabilidad.

Todas las personas que se crucen en mi camino vienen a enseñarme algo.

Voy a ponerme como prioridad, siempre me voy a poner hasta delante de la fila.

Voy a apapacharme todos los días.

Voy a ser flexible con la vida, voy a fluir y a abrazar lo que se me ponga en el camino.

Voy a escuchar a mi intuición, a mi voz interior, a mi cuerpo.

Voy a tener relaciones de calidad en mi vida personal y en mi trabajo.

Voy a decir NO sin culpa ni remordimiento. Decir NO es decirme SÍ, es amarme.

Voy a hacerme responsable de mis acciones, pensamientos y palabras.

Voy a reír, a no tomarme las cosas en serio y a entender que no soy perfecta. Que voy a cometer errores y que todo depende de mí, de cómo aprenderé de ellos.

Voy a divertirme en los procesos; seré paciente y amorosa conmigo, aun cuando las cosas no salgan como yo quería.

Voy a confiar en que la vida me tiene preparado lo mejor para mi evolución.

Voy a entender que vine a esta vida a crecer y a evolucionar, que está en mí aprender o no de cada una de las experiencias que se me presenten.

Voy a vivir en libertad, y la libertad viene con asumir mi vida.

Voy a asumir mis decisiones.

Voy a decidir lo que YO QUIERO de mi vida.

Voy a entender que YO SOY SUFICIENTE.

Voy a agradecer todos los días de mi vida por lo que tengo HOY.

Y lo más importante: voy a serme fiel porque soy la única persona a la que le tengo que rendir cuentas.

_____

Tu firma

No soy un ejemplo, no tengo la verdad absoluta; lo que sí sé, es que viví muchos años inutilizada esperando a que mi vida cambiara, a que el dolor se fuera. No me siento superior ni iluminada, solo quería compartirte lo que me hubiera gustado leer a mí cuando necesitaba que alguien me dijera que todo iba a estar bien y que no había nada malo conmigo, que soy una chingona tal cual soy.

Porque sí lo soy, y tú también lo eres. **Somos unas chingonas**, solo hay que trabajarle para asumir ese poder que traemos dentro, para convencernos de que las limitaciones las ponemos nosotras y que está en nuestras manos ir más allá de ellas. Ahí están tus poderes y están esperando a que los uses.

¿TE IMAGINAS UN MUNDO DONDE TODAS DIÉRAMOS LO MEJOR DE NOSOTRAS? ¿DONDE SOLO EXISTIERA AMOR, EMPATÍA, RESPETO, HONESTIDAD, RESPONSABILIDAD Y MUCHAS RISAS? ¿DONDE NO NOS DIERA MIEDO Y NOS ATREVIÉRAMOS A SER FELICES?

TÚ DECIDES CUÁNDO SER LA DUEÑA DE TU VIDA. ¿ESTÁS LISTA?

Glosario para sensibles y chingonas

Con el fin de que tengas bien presentes las palabras y conceptos que tocamos en este, tu nuevo libro favorito, decidí escribir la lista completa (pa' que no se te olviden).

AMIGA

Hermana que elegiste. Se vale *bullearla*, pero con cariño y respeto.

AMOR

Eso que pasamos toda la vida buscando y que en realidad está dentro de nosotras.

AUTOESTIMA

Decir todos los días: «Soy una chingona, yo puedo» y creértela. Saber que eres capaz de lograr lo que quieras.

BESOS

De las cosas más deliciosas de la vida.

BOOBS

No importa el tamaño ni la forma, el chiste es que estés feliz con lo que tienes.

BUENA

Algunos lo usan para describir a una mujer linda, yo lo uso para describir a las que presumimos nuestras carnitas en unos chiquichors (shorts minis).

CANAPERO

No se pierde de un evento social ni en defensa propia. Vive de los rollitos de salmón con queso crema. Saluda a todo el mundo como si fueran sus mejores amigos.

CHAVITA BIEN

Se pone peda el sábado y se agarra a quien se deje, pero el domingo dice: «Te juro que no lo vuelvo a hacer». Quiere llegar virgen al matrimonio, pero la ve difícil. Siempre está bien peinada, camina perfecto en tacones, huele a Michael Kors y usa bolsa de diseñador tipo pañalera.

CHINGONA

Mujer que tiene los huevos para asumir su vida. Ejemplo: tú (y yo también).

CLUB DE LA MANO AMIGA

;) #winkwink

CONSCIENCIA

El despertar del ser humano.

DARTE (A ALGUIEN)

«Porque un besito y vasito de agua no se le niegan a nadie». Proverbio turco.

DECIDIDA

«Somos lo que decidimos».

Frase célebre de mi amiga Bárbara Arredondo Ayala, emprendedora, feminista y consejera de vida.

DIETA

Solo sirve para una cosa: para arruinarnos la vida. En mi experiencia, las dietas no sirven; crear hábitos alimenticios, sí.

EJERCICIO

De las mejores actividades para aumentar tu autoestima y paz mental.

EMPRENDEDORA

Mujer luchona.

ENAMORADA DEL AMOR

Cuando una se enamora a lo pendejo del primer pendejo que se le pone enfrente, poniéndole cualidades que no existen.

ESPOSO

La meta de varias. El compañero de vida de otras.

EXPECTATIVAS

Todo aquello que no existe y que es muy probable que no suceda.

FAJE

Arrimones con otra persona que se sienten rico y que, tristemente, cuando eres adulta, suceden pocas veces. :(

FELICIDAD

Eso que dejamos en segundo plano por andar cumpliendo con las expectativas de los demás.

FUERZA INTERIOR

Esa luz que te impulsa a ser mejor todos los días.

GALLETA OREO

También conocida como «Pues va, ya estamos en estas, sí me lo doy». Sin embargo, pueden pasar dos años y si no te lo diste, no pasa nada.

GURÚ

Para crecer espiritualmente necesitamos de una guía. En mi caso, mi gurú es Diana, mi terapeuta.

HEALTH COACH

Persona que te guía por el camino saludable. Combina alimentación con ejercicio.

HONESTIDAD

Ser neta y no andar de doble moral.

HOY

Aquí y ahora. Lo único que tenemos.

INCORRECTO.

No te vas a casar con él, así que dale vuelo a la hilacha.

INDEPENDENCIA.

Hacer lo que se te pegue la gana, pero siempre con responsabilidad.

INFLUENCER

El nuevo trabajo *millennial* que consiste en tener números en redes sociales y que miles de personas escuchen y vean lo que dices.

INTENSA

Varios dicen que es un defecto, yo creo que es una GRAN cualidad. Es esa llamita que te empuja a seguir adelante y a conseguir lo que quieres. También es vivir la vida con pasión.

JEFA

También conocida como «la mera mera». Una debe aspirar a ser la jefa de su vida. Siempre. Punto. #mikedrop

JOCOSA

Mujer gozosa que disfruta de la buena vida y le gusta bailar la música de Garibaldi (en especial «La Ventanita»).

LA ROCA

Sinónimo de anillo. Entre más grande y pronto mejor. #sarcasmo

LOQUILLA

Mujer curiosa que busca la caricia ajena.

MALUMA

De apellido Baby, oriundo de Medellín, Colombia. Canta canciones sexosas y dice ser el mejor en la cama... Dice...

MAMÁ

Solo hay una y es la única que te puede poner en tu lugar.

MEDITACIÓN

Cuando silencias unos minutitos tu cabeza. Aunque sean 5 minutos al día, lo recomiendo ampliamente. Te cambia la vida.

NO

La palabra mágica para ponerles límites a los demás.

ÑOÑA

Yo cuando cumplí 30 años. Incluye emocionarte por pasar los fines de semana encerrada en tu casa empiyamada viendo series.

OBSESIONAR

Justo debes de hacer lo opuesto. Fluir con la vida y no ser tan clavada.

ORGASMO

De las cosas más deliciosas que existen en la vida. #yum

PANDRA

Un término muy dosmilero. Aquella señorita que usa pantalones aguados y rotos, se pone playeras de tirantes, banditas de tye dye en la cabeza y se le ve el brassier, no se pone tacones ni aunque su vida dependa de ello. Usa huaraches oaxaqueños y suele pasear en pueblos mágicos de México o en el centro de Coyoacán.

PAREJA

Aquella persona que te acompaña en la vida, como ese mejor amigo que te cae cabrón, pero que sí se te antoja sexualmente. Para que jale debe haber polaridad, plan de vida y amor.

PEDA

Sinónimo de fiesta. También se le dice «peda» a aquella damita a la que le gusta la copita.

PIEDRITA EN EL ZAPATO

Esa persona que terminaste agarrando por generosa (y caliente), pero de la cual te arrepientes. Tendrás que cargar con eso toda tu vida como una «piedrita en el zapato».

PÚRPURA

El sitio web que me hizo emprendedora.

QUEJARSE

Se vale tener 5 minutitos de drama, pero después te me limpias los mocos y te levantas. Hacerte la víctima no sirve de nada (y la verdad, a nadie le importa).

QUERER

«Y es que todos sabemos querer, pero pocos sabemos amar». Frase sabia de José José.

REDES SOCIALES

Tienen dos caras: una, para estar en comunicación; dos, para causarnos ansiedad por todo lo que no somos ni tenemos. Se aconseja usarlas con medida.

REGGAETÓN

Poesía urbana creada por Daddy Yankee, «el padre del reggaetón».

RESPETO

Cada quien sus cubas.

RESPONSABILIDAD

Asumir tus acciones, palabras y pensamientos.

RISA

Lo que deberíamos hacer todos los días, pero que olvidamos porque estamos más pendientes de lo que dice nuestra cabeza.

#ROMITIP

La absoluta verdad ;) Ustedes háganme caso, que si alguien se ha dado madrazos soy yo.

SALMÓN NORUEGO

Ser inerte durante el acto sexual. De hueva.

SENSIBLE

Permitirte sentir sin juzgar ni analizar. Abrir tu corazón. :)

SENTIMIENTO

Experiencias mentales del estado en el que se encuentra nuestro cuerpo.

Estos sentimientos van apareciendo a medida que el cerebro va interpretando las emociones. (Esto lo saqué de internet).

SEXO

Uno de los mayores placeres de la vida. Sabe mil veces mejor cuando hay amor, complicidad y risas.

SHAKIRA

Diosa de la música latina. Sus canciones son el soundtrack sentimental de mi vida.

SILENCIO

Paz mental.

SOLTERONA

Léase Tía Galletera.

TELENOVELA

De los creadores de *Lazos de amor, Dos mujeres, un camino* y *Las tres Marías*, cuentan historias trágicas llenas de pasión, amor, despecho... Generalmente, existen el drama, los azotes, la codependencia y el «pégame, pero no me dejes». Las clases sociales siempre están marcadas. Si eres pobre, te toca un nombre y ya: te llamas Pedro o María. Si eres millonario y vives en una mansión de Las Lomas, te toca llamarte Fernando Javier Ruvalcaba Sánchez-Durón o Roberta Valentina Betancourt Del Real. Siempre hay una villana o un villano que aguanta explosiones, caídas, choques, pero siempre sale ileso porque lo que lo motiva a vivir es hacerles la vida de cua-dri-tos a los otros.

TERAPEUTA

En mi caso, mi gurú de vida.

TERAPIA

Lugar donde puedes sacar todos tus pedos, ver quién eres y hacia dónde debes irte.

TESORITO FEMENINO

Se encuentra en el área de la vulva o vagina y refiere la inexperiencia en el coito. En ocasiones, se utiliza para manipular.

TÍA GALLETERA

Nada más pasa enfrente de una tienda de vestidos de novia y se toca el corazón porque *ya se siente quedada a sus 35 años*. También piensa que si cacha el ramo, esas flores se convertirán en un joven que sacará un anillo (consultar «La roca» en este glosario).

TIEMPO

Lo más valioso que tiene un ser humano.

TRABAJAR

Acción de chingarle todos los días.

TULUMINATTI.

Persona que va a Tulum, se sumerge en un cenote y parece que los dioses mayas se apoderan de ella. Manda luz por WhatsApp a sus amigos, cura sus cuarzos en la fiesta de luna llena, se mete drogas, pero al día siguiente toma pura agua de coco para alcalinizar su cuerpo.

URGIDA

Mujercita impaciente que no entiende que la vida es un proceso y que todo llega en el momento adecuado.

ÚRSULA

Una voz interna que llega sin avisar a arruinar mis

momentos de felicidad y plenitud.

VIDA

Yo creo que tenemos varias, pero en lo que averiguo, mejor me dedico a dar lo mejor que pueda todos los días de mi existencia. Spoiler: se pasa en friega.

VIRGINIDAD

NUESTRO MAYOR TESORO (SEGÚN LA SOCIEDAD). #pamplinas

VULNERABILIDAD

Lo que nos hace poderosas, invencibles y libres.

WALT DISNEY

El culpable de los pedos existenciales de las damitas mayores de 28 años. Ese señor nos hizo creer que estaba OK vivir con siete enanos en una casa, comer una manzana podrida e irnos con el primer vato que nos diera un beso.

WHATSAPP

Medio de comunicación actual donde generalmente una pierde el tiempo mandando mensajes. También nos causa angustia cuando alguien nos deja en visto.

XIOMARA

Gel que nos untábamos en la cabeza en aquellas épocas de Acapulco en el 2000. #CuandoAzaEraMiAmigo

Y

YOLO

YOU ONLY LIVE ONCE
inserte cuernitos rockeros.

YURI

Cantante mexicana, intérprete de «Detrás de mi ventana», una de las canciones más dramáticas en la historia de la música. Tristemente, muchas señoras mayores de 55 años se identifican con la letra y se compraron que así era su vida. :(

Z

ZAFO

Cuando no quieres algo. Ejemplo: «Zafo cumplir las expectativas de los demás».

ZORRA

El demonio con minifalda y tacón alto. Aquella dama que solo quiere sexo y es una amenaza para las demás mujeres, porque una mujer tan sexual asusta. En realidad, es una mujer feliz.

Agradecimientos

Quiero agradecerte por haberte tomado el tiempo de leerme, espero que cada uno de estos capítulos te sume. Ojalá te hayas divertido tanto como yo lo hice al escribirlo.

Como estudié actuación, siempre me he imaginado los agradecimientos que algún día daría si me ganara un Oscar. Esto es lo más parecido a uno de los *highlights* de mi vida, así que me voy a dejar ir.

Voy a empezar con mi familia porque, neta, soy extremadamente afortunada de tener a los dos papás más chingones del mundo. A mi papá «La Albóndiga» por amarme, cuidarme y darme los mejores consejos, por ser el más consentidor y el más divertido. Eres mi número uno, lo sabes. Gracias por tu generosidad y por tu amor incondicional (solo de escribir esto se me llenan los ojos de lágrimas). A mi mamá por hacerme reír a carcajadas y por enseñarme a ser YO. Gracias por nuestra relación imperfecta. A Renata, alias «Reno el Perro», mi hermana, por existir, por estar conectada conmigo, por compartir tu vida conmigo. A Hellen por amar a mi papá a pesar de que le va al América (¡ja!) y por ponerme del mejor humor siempre.

A mis primos y a mis tíos. ¡Qué chingón que me tocó una familia que hace viboritas y coreografías en las comidas familiares! A Rodrigo por ser mi hermano mayor.

A Verito por ser parte de mi familia y por cocinar cosas tan deliciosas y por cuidar a mis niñas cuando no estoy.

A mis amigas más viejas. A mis amigas las nuevas. A mis amigos chingones. Ustedes saben quiénes son. Gracias por los neteos y por el apoyo. Gracias por inspirarme a crecer.

A Bárbara Arredondo Ayala por ser mi cómplice. A Lors Valdés por tus consejos y por escucharme cuando llega Úrsula. A Juan Pablo Jim porque nadie entiende más que tú lo que me ha pasado y cuánto me ha costado. A Mirene, Jimena, Najar, Bibi y Valo por quererme desde que era una puberta intensa. A Rul por cruzarte otra vez en mi vida. A Sasa ZS por darme cuerda al inventar tonterías.

A Fabis y a Renata Roa por las pláticas eternas. Gracias por ser las hermanas que elegí.

A mi equipo de trabajo, a Itzel Alfaro, Damarix Ruiz, por su paciencia, su amor por el proyecto y por hacerme sentir que tengo el mejor trabajo del mundo. A Chinix por tus sabias palabras y los diseños hermosos. A Retro Studio porque siempre es divertido trabajar con ustedes. Jenni, Adri y Rich, Miguel, Os y Fer, les quiero chingos.

A Salvador Eljure (mi Chavis) por ser, además de mi amigo, la persona con la que más me entiendo para trabajar. Gracias por las carcajadas y los debrayes. A Rodrigo Nava por decirme que sí a todo, por los chistes locales y por empujarme a hacer las cosas a pesar de que en 98% de ellas me muero de miedo. Gracias por ser de las primeras personas en confiar en mí. SIEMPRE te estaré agradecida. A Vicente Cruz porque, además de ser mi amigo más viejo, es el más palero. A Alonso Pineda por empujarme a hacer un show en vivo. ¡Ya regresa y hagamos teatro! Gracias por ser mis amigos y por compartir su creatividad y sus locuras conmigo.

A Carlota, Roberta y Lola por ser mis compañeras de vida, por amarme incondicionalmente y por recordarme que debo emocionarme por las cosas más simples y pequeñas. A mi Fionis y a Márgara

Francisca porque, a pesar de haber estado conmigo poquito tiempo, marcaron mi vida para siempre.

A Juan por despertarme todos los días con una sonrisa, por hacer el café más delicioso y por amarme con todo y mis locuras. Jamás creí conocer a un hombre tan hermoso por fuera y por dentro. Te amo chingos (y a Rodolfo, mi hijastro trufón, también).

A Diana Pineda porque, aunque ya te mencioné al principio del libro, no me alcanzan las palabras para agradecerte todo lo que me has enseñado. Eres mi gurú (aunque no te guste que te llame así, ¡ja!). Hay un antes y un durante en mi vida y nada de lo que tengo sería posible si no te hubiera conocido. Gracias por toda tu generosidad y todas tus lecciones. Ojalá algún día llegue a ser el 0.2 de chingona que tú. ¡Te quiero muchísimo!

A Karina Macias por hacer mi sueño realidad y por ponerme de editoras a Tamara Gutverg y a Romina Pons. Gracias por agarrarme el pedo y por su paciencia. Las admiro un montón. Gracias, Editorial Planeta, por dejarme plasmar mis locuras en este libro.

A mis paleras y paleros por reírse y por conectar conmigo. Sin su amor y sin su apoyo nada de esto sería posible.

Por último, gracias a la vida por tantas bendiciones. Soy demasiado afortunada.